AF359466

ŒUVRES D'AGRICULTURE

DE M. DE PLANAZU.

RECUEIL,

Contenant différents procédés d'économie Rurale.

DÉDIÉ

A Madame la Duchesse

DE LA TREMOILLE.

Par son très-humble serviteur,
REY DE PLANAZU,
Membre de la Société physique &
économique de Zurich en Suisse.

A TROYES,

De l'imprimerie de la Veuve GOBELET, Imprimeur du Roi.

1786.

AVEC APPROBATION ET PRIVILEGE DU ROI.

ÉPITRE DÉDICATOIRE.

MADAME LA DUCHESSE.

CE petit Ouvrage que vous voulez bien agréer ne peut se présenter sous de plus favorables auspices. L'intérêt avec lequel vous avez suivi les différents cours que j'ai donné sur l'Agriculture, m'assure que d'accord avec Ciceron, vous regardez cet Art comme le plus excellent, le plus utile & le plus digne de l'homme, & que vous ne dédaignez pas de sacrifier vos moments les plus précieux à son amélioration. Quelle carriere à parcourir pour une personne de votre rang ! Combien d'obstacles à surmonter ? Mais le sort du malheureux Cultivateur vous touche, le lui rendre plus doux vous intéreſſe. Que ne puis-je ſeconder cet agréable penchant. Permettez , Madame, que j'aye l'honneur de vous offrir cet Ouvrage comme le témoignage certain des efforts que je ferai pour y parvenir, & vous prouver les ſentiments du profond reſpeɛt avec lequel je ſuis ,

MADAME LA DUCHESSE,

Votre très-humble & très-reſpeɛtueux Serviteur ,

REY DE PLANAZU,

Membre de la Société Phyſique & Économique de Zurich en Suiſſe.

TABLE
DES MATIERES.

RECUEIL,

Contenant différens procédés d'Économie Rurale.

Omnium rerum ex quibus aliquid exquiritur, nihil est agricultura melius, nihil uberius, nihil dulcius nihil homine libero dignius.

CICERO *de Officiis.*

I.

Moyens de préserver le bled des insectes dans les greniers par le procédé le plus simple.

PERSONNE n'ignore que les corps gras & huileux, & principalement ceux qui ont l'odeur la plus forte, sont un poison pour tous les insectes en général. Rien ne s'impregne mieux de ces corps que les cuirs, & sur-tout celui appellé communément cuir de Roussy, ou de Russie; aussi les Marchands Drapiers ont-ils soin d'en employer les rognures, pour empêcher les insectes de se jetter, sur leurs draps, en en jettant quelques rognures par-dessus les pieces de draps & dans les coins de leur magasin. J'ai tenté le même moyen pour préserver mes bleds des insectes; j'ai jeté quelques rognures de ces cuirs par-ci par-là sur les tas de bled dans les greniers, & j'ai vu avec autant de satisfaction que d'étonnement, que les charansons & autres insectes n'ont point abordé mes greniers, pendant que les années précédentes je ne pouvois m'en garantir. J'ai tenté la même expérience sur des bleds qui en étoient attaqués, & j'ai vu avec satisfaction les charansons fuir de tous les côtés, & les bleds en être parfaitement purgés en moins de deux jours.

I I.

Moyens de laisser entrer librement les chats dans les greniers pour veiller à la destruction des souris & des rats, sans que les chats fassent aucunes ordures dans les tas de grains.

Les rats & les souris font de très-grands dégâts dans les greniers. On ne peut dans ce cas employer le poison qui se mêleroit avec le grain, & le rendroit très-dangereux, les souricieres seroient plus avantageuses; mais quels soins cette opération ne demande-t-elle pas? Il n'y a rien de tel pour veiller à la destruction de ces animaux que les chats; mais il y a de l'inconvénient de leur laisser l'accès & l'entrée libre des greniers. Ces derniers vont fienter dans les tas de bled qu'ils recouvrent; & pour éviter une perte, on est obligé d'en supporter une autre qui est souvent plus désagréable que la premiere. Je me suis servi avec avantage d'un moyen fort plaisant, & qui m'a parfaitement réussi.

Avant que de mettre mes bleds dans les greniers , & avant que les chats ayent fait aucunes ordures dans les tas , je convoque tous les chats qui habitent mes greniers dans un appartement vuide de meubles, où je fais mettre des petites caiffes de deux pieds à deux pieds & demi en quarré , & hautes de fix pouces , je fais remplir ces petites caiffes à deux à trois pouces de fciure de bois , de cendres , de fon , ou autres chofes femblables. Lorfque les chats font renfermés dans cet appartement , je leur fais donner bien à manger , & je les tient enfermés pendant vingt-quatre heures. Dans cet intervalle, la nature les a preffés , & ils ont adopté ces différentes caiffes pour y fienter , parce qu'il y trouvent de quoi recouvrir leurs ordures. Au bout de ce temps, je fais lâcher les chats , & fais porter ces caiffes dans les coins des greniers ; les chats continueront à y aller, & n'infecteront pas le bled dans les greniers. Cette méthode , toute fimple qu'elle eft , mérite d'être fuivie avec attention pour préferver les bleds des ordures que ces animaux font dans le cas d'y faire , parce qu'ils continuent d'habiter l'endroit où ils ont été une fois, & ils choififfent à cet effet les lieux où il y a de quoi recouvrir leurs fientes.

III.

Moyens de conferver toutes fortes de racines pendant l'hiver à l'abri des gelées , par le moyen d'une meule à fourrage avec un ventillateur.

J'ai donné dans mon Traité, N°. 7 , les moyens de cultiver toutes fortes de fourrages des prairies tant hautes que baffes , avec une inftruction fur les foins & les amendements que l'on doit donner aux prés. J'ai indiqué la maniere la plus avantageufe de conferver les fourrages , & d'achever la deffication de ceux qui ne feroient point parfaitement fecs , par le moyen d'un ventillateur ménagé dans l'intérieur des meules , dont j'ai donné la defcription & la maniere de les faire : c'eft le même ventillateur qui me fert au double ufage de bonifier & conferver mes fourrages , & de conferver les racines pendant l'hiver à l'abri des gelées. Ce ventillateur eft pratiqué au milieu d'une meule à fourrage de dix-huit pieds de diamettre environ , au moment où l'on récolte les racines , notamment les pommes de terre & les turneps, c'eft-à-dire, à la fin d'Octobre , les fourrages font parfaitement fecs , & ce ventillateur devient inutile pour cet objet ; mais c'eft le temps de l'employer à d'autres ufages, tel qu'à la confervation des racines : c'eft pourquoi on le remplit de pommes de terre, turneps, ou autres racines qu'on peut y mettre jufqu'à comble par les moyens que j'ai indiqué. Comme ce ventillateur eft entouré d'une épaiffeur confidérable de fourrages , la gelée n'y peut pénétrer , & les racines s'y confervent d'autant mieux , qu'elles n'acquierent point un goût défagréable comme dans un caveau , & que n'étant point excitées à la végétation , elles n'acquierent point ces filaments & ce goût d'amertume qui les rendent fi défagréables.

On peut avoir recours à mon Traité indiqué ci-deffus fur la confervation des fourrages , pour y voir les gravures & la defcription de ce ventillateur : l'on peut fe le procurer chez l'Auteur.

I V.

Moyens de multiplier le produit des mouches à miel.

La méthode employée jufqu'ici pour tailler les ruches de mouches à miel eft pernicieufe, cruelle & défagréable; car c'eft un affaut fatigant & pénible qu'il faut donner à cette République qui défend vigoureufement fes habitations & fes riches magafins. Le couteau meurtrier que l'on employe à cet effet, caufe fouvent la perte entiere d'une ruche, fans apporter un produit confidérable. La diverfité de ruches que l'on employe font plus ou moins avantageufes, plus ou moins fujettes à des foins. Les miennes n'ont rien de diffemblables aux ruches de paille ordinaire; mais dès la fin d'Avril jufqu'au mois d'Août, je les tranfvafe continuellement & toutes les trois femaines. Par ce moyen, fans les attaquer, je jouis d'une abondante récolte de cire à chaque tranfvafement, fans préjudice de la récolte ordinaire de miel que je fais au mois d'Avril, lors du premier tranfvafement : par ce moyen je ne perds aucun effaim, & je ne détruis aucunes mouches. Je donnerai dans mon Traité fur les abeilles la façon de les gouverner, tranfvafer, &c. avec la defcription des ruches dont je me fers, & de la façon de faire l'opération du tranfvafement pour fe produire d'abondantes récoltes.

V.

Moyens de multiplier le produit des étangs par une nourriture peu difpendieufe & avantageufe à l'accroiffement du poiffon.

Ce n'eft qu'à force de nourrir le poiffon dans un étang que l'on peut efpérer un produit affuré & avantageux; car fur un étang alviné de dix mille alvins, on peut pour quinze à vingt fols par jour les nourrir abondamment, & en retirer un produit confidérable par le prompt accroiffement du poiffon. Cette nourriture confifte à faire cuire des pommes de terre à l'eau; & lorfqu'elles font cuites, on les triture avec de la farine de maïs, de feves, ou d'haricots & du fon jufqu'à confiftance de pâte épaiffe; on en fait des boulettes groffes comme des noix, qu'on roule dans la même farine pour en deffécher la furface. Ces boulettes peuvent fe conferver pendant cinq à fix femaines; l'on en donnera cinq à fix cents tous les jours à un étang empoiffonné de quatre à cinq cents alvins de carpes. On leur jette cette nourriture ordinairement dans les environs de la bonde de l'étang, & toujours dans le même endroit; elles feront bien-tôt accoutumées à y venir chercher cette nourriture. On choifit l'endroit de la bonde, comme étant le plus profond; parce que fi on jettoit fur les bords, les poiffons s'y portant en foule, il y auroit à craindre que les oifeaux deftructeurs des étangs ne choififfent ce pofte avantageux pour s'emparer de leur proie. Le produit des carpes dédommage au décuple du coût de cette nourriture. On peut triturer facilement ces pommes de terre, & préparer cette nourriture dans la machine à hacher les racines, indiquée dans le N°. 13 de mes ouvrages; c'eft le même que mon Traité fur la culture des turneps.

V I.

Moyens de conserver pour l'hiver les asperges , les petits pois , & tous les légumes les plus tendres.

L'harmonie invariable & merveilleuse des saisons ramene successivement les diverses productions de la nature ; mais elles n'ont toutes qu'un temps , & après avoir succédé rapidement les unes aux autres , nous en sommes presque totalement privés aux approches de l'hiver ; mais que ne peut l'homme pour satisfaire ses goûts ? La nécessité lui a enseigné à se mettre à l'abri des rigueurs de l'hiver par des abris & des vêtemens chauds. Son industrie lui procure des glaces pour se rafraîchir pendant la saison brûlante ; c'est ainsi qu'il a employé son génie pour se procurer pendant l'hiver les productions que la nature ne produit que pendant l'été.

Flore & Vertumne chassés des parterres & des jardins habitent ses appartemens , & font les ornemens & les délices de sa table. L'homme veut une jouissance non interrompue ; c'est pour lui en faciliter les moyens que je lui offre les procédés les plus propres pour conserver les diverses productions du potager.

Des asperges.

Les couches , les chassis , les serres chaudes font des inventions nouvelles qui contribuent à accélérer la fécondité de la terre , & à nous procurer des primeurs & des fruits précoces ; mais ces avantages ne font le fruit que de dépenses considérables , & ces productions toujours insipides font ordinairement plus agréables à la vue qu'au goût. Au lieu que conserver celles que la nature nous donne dans les momens de sa fécondité , les conserver , dis-je , dans leur bonté & par des moyens peu dispendieux , c'est flatter à la fois plusieurs de nos sens. Les procédés à la portée de tout le monde font toujours ceux que je préfere.

Le moyen de conserver les asperges consiste à les cueillir dans la saison , les couper proprement , les tremper dans un chaudron d'eau bouillante , & les retirer promptement. Lorsqu'elles font refroidies , on les arrange dans des pots ou vases quelconques ; qu'ils ne soient point poreux , c'est-à-dire , que ceux de verre ou de fayance font préférables à ceux de terre , & lorsque le vase est plein , on les arrose de la sauce ou saumure que je vais indiquer.

Une pinte d'eau.
Une pinte de bon vinaigre blanc.
Un quart de livre de sel.
Un gros de poivre en grain.
Quatre clous de girofle.

Lorsque l'on a versé cette saumure dessus de maniere à ce que les asperges trempent , on en intercepte l'air par le moyen de l'huile d'olive , ou du saindoux , ou du beurre fondu ; on recouvre le tout avec un parchemin mouillé , & elles se conservent ainsi jusqu'aux nouvelles. Lorsque l'on veut en manger , on les met tremper dans de l'eau dégourdie pour les dégorger ; & quand elles le font fuffifamment , on les met cuire & prépare à l'ordinaire.

Les artichauts, les haricots verts , les côtes de bettes , &c. fe préparent de même.

La méthode n'eft pas la même pour les petits pois : voici la maniere de les conferver.

Lorfque les petits pois font écoflés , on enfile les grains dans un fil fin & bien blanc à fur & mefure que l'on forme les chapelets : on les trempe pendant une demie minute dans l'eau bouillante , puis on les fufpend à l'air pour fecher. Il faut avoir foin le lendemain de les changer de place dans le chapelet , parce que fans cette opération le fil qui les contiendroit pourriroit par l'humidité du grain , & les pois étant fecs , on ne pourroit retirer le fil.

Lorfque les pois font parfaitement fecs , on les défile & on les met dans un vafe quelconque qui ne puiffe leur donner aucune odeur ; on les mêle avec du pouffier de fucre , & on les tient en lieu fec & à l'abri de toute humidité. Lorfque l'on veut s'en fervir , on les met tremper dans de l'eau également tiede , que l'on a foin de rechanger fouvent , & jufqu'à ce qu'ils foient revenus à leur premiere groffeur , après quoi on les prépare comme à l'ordinaire.

Les haricots verts , les feves de marais fe confervent de même ; on les enfile, on les trempe dans l'eau bouillante , & on les laiffe fécher , en les fufpendant à l'ombre dans un endroit fec. Il fuffit enfuite de les enfermer dans des facs de papier , & de les tenir dans un endroit bien fec & à l'abri de toute humidité.

Comme l'opération de les enfiler eft fort longue , on peut y fuppléer , en les étendant fur un canevas bien clair , & fufpendu dans une chambre bien aérée , où l'air circule librement.

V I I.

Maniere de faire la Saour-Croute , & vulgairement appellée Choucroute.

Dans les pays où l'on fait de la Saour-Croute , voici la maniere de la faire. Elle fe fait communément avec l'efpece de chou que l'on nomme chou blanc à tête , ou chou cabus ; on ôte le cœur , & on les découpe par le moyen d'un couteau à cet ufage. On peut voir de ces couteaux chez l'Auteur à Paris , rue Ticquetonne , N°. 10. Le modele de ces couteaux exécutés à deux pouces pour pied coûte 12 liv. & ces mêmes couteaux en grand coûtent 30 livres ; l'Auteur peut procurer les uns & les autres parfaitement bien exécutés. Lorfque les choux font découpés , on les jette dans une futaille bien préparée auparavant par un bain d'eau chaude , dans laquelle on a mis infufer du genievre ; on la pile parfaitement dans ces tonneaux par couche, de façon qu'elle y foit bien comprimée. Lorfque la quantité que l'on y en veut mettre eft bien pilée, on la couvre d'un linge , & on met une planche deffus pour la tenir comprimée par le moyen d'un fort poids. Au lieu d'un poid , il vaut beaucoup mieux ajufter à la futaille une preffe à vis ou à levier ; ce qui eft beaucoup moins embarraffant lorfqu'on veut en prendre pour cuire.

Quand les choux font en cet état , ils ne tardent pas à entrer en fermentation, & il en fort une eau aigre qui furnage. Lorfqu'on en tire , il faut avoir foin de

B

renouveller l'eau lorfqu'elle devient trop aigre ; on en ôte une portion pour en mettre de la fraîche.

Avant de mettre cuire la faour-croute , on la laiffe tremper jufqu'à ce qu'elle foit fuffifamment radoucie. La faour-rouber, ou choucroute de rave fe fait & fe conferver de la même maniere. Voyez à cet effet mon Traité , N°. 13 , fur la culture des turneps , dans lequel on trouve le moyen de la faire & de la conferver.

V I I I.

Moyens de faire la compote ou conferve de racines & légumes par le moyen des acides.

Cette efpece de conferve eft à-peu-près comme la faour-croute , & n'en differe que de ce que l'une eft aigrie par la voie de la fermentation , & l'autre par la voie des acides : voici comme elle fe fait. On prend la même efpece de chou, ou telle autre que l'on veut ; cependant le chou cabus eft préférable. On prend auffi une partie de bettes raves rouges , une partie proportionnée d'oignons. On paffe le tout pendant une minute ou deux à l'eau bouillante , & on arrange les têtes de chou, les bettes raves & les oignons fans les couper, dans une futaille ou vafe quelconque , avec quelques grains de poivre rond , & quelques têtes de clou de gérofle , on remplit enfuite le vafe de deux tiers de vin aigre rouge, & trois quarts d'eau ; on bouche bien ce vafe, & on les conferve ainfi , jufqu'à ce qu'on en veuille manger. On purge pour lors l'acide de ces légumes , en les mettant tremper pendant une couple d'heures ; on les hache & on les prépare en aliment.

I X.

Maniere de faire l'excellent Kirchfvaffer ou Eau-de-vie de cerife , & des moyens de rendre cette liqueur auffi agréable que le marafquin par plufieurs procedés.

Perfonne n'ignore que cette liqueur eft tirée de la cerife ; l'efpece la plus propre à cet ufage eft la merife ou cerife de bois, la noire , la blanche ou dorée & la rouge ; la griotte noire & la guigne en donnent auffi , en un mot toutes les efpeces dont le jus eft fucré & abondant ; mais la premiere eft toujours préférable. On cueille les cerifes dans leur parfaite maturité ; on les dépouille de leur queue & de toutes les feuilles; l'on met un chaffis de fil de fer fur une futaille quelconque , à travers duquel la pulpe puiffe paffer aifément , & retenir les noyaux; on les écrafe ainfi pour faire couler le jus, & retenir feulement les noyaux. On porte ces derniers dans une auge de pierre ou de bois pour les piler & écrafer , ainfi que l'amande qu'ils contiennent. Lorfqu'ils font pilés, on les jette dans la futaille où font les pulpes broyées ; on les mélange parfaitement enfemble avec un bâton , puis on laiffe les futailles découvertes , garanties cependant par une couverture légere, pour empêcher les ordures & la pouffiere d'y tomber. Si le temps eft chaud, la fermentation ne tarde pas à avoir lieu : lorfqu'elle ceffe, ce qui fe reconnoît par des légions de moucherons qui font à la furface , & par le filence du tonneau dans lequel l'on n'entend plus aucun bruit. On procede à la diftillation qui fe fait par le moyen des alambics ordinaires ; mais il faut avoir foin que l'eau du réfrigérant foit entretenue la plus fraîche poffible , & renouvellée fouvent. Les premieres gouttes qui fortent de l'alambic font cuivrés ; on nomme cette premiere liqueur , blanquette , elle peut aller à un demi-verre à boire : ce demi-verre de blanquette fe conferve pour être rejetté à la cuite fuivante ; mais il eft mieux de le rejetter tout-à-fait , parce qu'il communique un goût défagréable à la liqueur. Après la blanquette vient la bonne Kirchfvaffer , qui eft claire comme de l'eau de roche. Sa qualité diminue à fur & mefure qu'elle fort de l'alambic ; c'eft pourquoi la premiere bouteille eft meilleure & plus fpiritueufe que la feconde , la feconde que la troifieme , &c.

Dès que la liqueur commence à prendre un coup-d'œil louche , on la recueille féparément. On continue enfuite la diftillation ; mais la liqueur devient toujours de plus en plus foible. On la met à part , & lorfque toutes les diftillations font finies , on repaffe tous ces reftes à l'alambic , fuivant les mêmes procédés , & on retire un fecond Kirchfvaffer.

L'eau de cerife fe met en bouteille , il faut avoir foin de ne pas la mettre dans aucun vafe de bois , parce qu'elle fe coloreroit bien vîte ; ce qui lui donneroit un coup-d'œil peu avantageux. On tient les bouteilles bouchées pendant quelques temps avec de l'étoupe , & feulement pour empêcher la pouffiere d'y tomber ; par ce moyen cette liqueur jette fon grand feu , elle ne s'évente pas , & n'acquiert par ce procédé qu'un mérite de plus. Cette liqueur eft forte , mais agréable , & elle convient à beaucoup d'eftomacs pour faciliter la digeftion. Elle acquiere de la bonté en vieilliffant.

Pour rendre cette liqueur plus agréable , & lui donner le goût du marafquin , on met fur huit parties de cerifes broyées une partie de carottes auffi broyées , que l'on met fermenter enfemble. On fuit les mêmes procédés pour la diftillation.

Un autre moyen eft de mêler avec une pinte de Kirchfvaffer un rouleau de firop de capillaire ; étant bien mélangé , on filtre au papier gris , la liqueur en devient moins violente & plus agréable.

X.

Maniere de tirer des eaux-de-vie de plufieurs fruits , légumes , racines , du genievre , des mûres , des melons , &c.

La plus grande partie des végétaux , tels que les prunes , les pommes , les abricots , les melons , les mûres d'haies & de plein-vent , les carottes , les pommes de terre : tous ces fruits fourniffent également de l'eau-de-vie par la fermentation & la diftillation ; tous ces fruits & légumes fe triturent & fe mettent en fermentation dans des futailles , & on procede à la diftillation ainfi que nous venons de le dire pour le Kirchfvaffer. Quant à l'eau-de-vie de genievre , on écrafe les baies de genievre par le moyen d'un pilon , ou de telle façon que l'on juge à propos ; on en remplit une futaille aux trois quarts , & on jette de l'eau pardeffus , la fermentation s'opere : après quoi l'on procede de même à la diftillation.

X I.

Maniere de faire l'excellent vin de paille.

Lors du temps de la cueillette des raiſins , on choiſit les raiſins blancs les plus ſains & les plus beaux , & ceux dont les grappes ſont les moins ſerrées. On étend dans un ou pluſieurs appartements planchéiés, de la paille de ſeigle à la hauteur de deux pouces environ ; on arrange ſur l'aire les grappes de raiſins que l'on recouvre d'un lit de paille à la même épaiſſeur ; on laiſſe en cet état les raiſins juſqu'aux environs de Noël. A cette époque on ôte la paille qui les couvroit, que l'on purge en la ſecouant des ordures ; on prend les grappes , dont on égrene les raiſins bons & ſains, quoique retraits ; on les met dans des vaſes propres ; l'on jette la grappe & les grains pourris & gâtés. Après cette opération, on arrange ſous le preſſoir un lit de paille , ſur laquelle les raiſins ont ſéjournés ; on met enſuite une couche de grains treiés , puis une ſeconde couche de paille , ainſi de ſuite autant de lits que l'on en peut arranger ; on preſſure le tout. La liqueur qui en provient ſe recueille dans des futailles propres & bien ſaines, elle entre en fermentation peu de temps après , à fur & meſure qu'elle ſe purge par la voie de la fermentation ; l'on a ſoin de remplir les futailles. On laiſſe cette liqueur ſur la lie juſqu'au mois de Mars , & à ce tems on la ſoutire dans une autre futaille ; & au ſecond ſoutirage que l'on fait quelques mois après, ou mieux au mois de Mars de l'année ſuivante, on la met en bouteilles, ayant bien ſoin que ce vin ſoit clair-fin lors de cette opération.

X I I.

Maniere de faire l'excellent extrait de genievre.

On prend une certaine quantité de baye de genievre, on les pile , après quoi on les fait bouillir en grande eau , de maniere à ce que le feu ne brûle pas les bayes dans la chaudiere. Lorſqu'elles ont bouilli pendant une bonne heure , on les paſſe dans une chauſſe de toile forte, où on les exprime entre deux bâtons, en les ſerrant de haut en bas ; on réimbibe le marc à pluſieurs repriſes d'eau bouillante , & on exprime le marc autant que l'on peut ; on met la liqueur qui en provient dans une baſſine, & on la fait bouillir juſqu'à ce que par l'évaporation la confection ſoit en conſiſtance de miel ; il faut avoir ſoin de toujours remuer avec une ſpatule , de crainte que la confection ne brûle. Mais ſi l'on veut procéder à une bonne qualité de confection, ſans avoir égard à la quantité lorſque les bayes de genievres ſont pilées , on les met dans une chauſſe, & l'on jette deſſüs de l'eau bouillante ſans preſſer , juſqu'à ce que l'eau qui filtre à travers ne ſe colore plus ; on met cette eau évaporer juſqu'à ce que la confection ſoit en conſiſtance de miel. La confection ainſi faite eſt d'une qualité ſupérieure ; mais elle produit beaucoup moins.

X I I I.

Moyens de se procurer de belles laines par le procédé le plus simple.

Il est universellement reconnu que la méthode de tenir les moutons dans un abrit trop resserré est préjudiciable à la santé de ces animaux ; c'est pourquoi aujourd'hui on a adopté le système de les tenir sous un abrit parfaitement aéré, & c'est sans contredit la meilleure méthode ; mais si d'un côté elle est avantageuse à la santé de ces animaux, elle ne l'est point pour la qualité des laines, parce que pour lors l'animal transpire beaucoup moins, ne peut procurer à sa laine le suin ou œsipe qui est absolument nécessaire pour nourrir la laine, & lui procurer la douceur & la finesse qu'elle acquiert dans les pays chauds. Pour corriger ce défaut, j'ai imaginé un œsipe artificiel & peu dispendieux, l'opération de le leur procurer consiste à fixer un morceau de lard sur une palette de la forme d'une carde à coton, on applique ce lard à l'épaisseur d'un pouce, la couenne contre la planche, & on l'y fixe par le moyen de fil ou ficelles, tous les matins le berger passe cette palette sur la toison des moutons, à-peu-près comme s'il vouloit leur donner un coup d'étrille, ce qui procure à la toison un œsipe artificiel , cette méthode toute simple qu'elle est m'a procuré dans le même pays & du même troupeau des laines bien supérieures en qualité.

X I V.

Maniere de sécher les Abricots.

Il faut prendre des abricots bien murs ; on ôte le noyau sans séparer les deux partie de l'abricot, soit en le repoussant , soit en le fendant, on met à sa place une petite pincée de sucre, puis on les arrange dans un vase de terre que l'on couvre, on les met dans le four un peu avant que d'en retirer le pain de maniere à ce que les abricots ne prennent qu'un quart de cuisson, on les retire pour lors, & on les arrange sur des feuilles de tôle, & on les met à plusieurs reprises dans le four , lorsque l'on en a retiré le pain jusqu'à ce qu'ils soient parfaitement secs. Il faut avoir attention à chaque fois qu'on les met au four , de les saupoudrer légérement de sucre. On les conserve ensuite pour les desserts ; & lorsqu'on veut les vendre , on les arrange dans des petits caissetins que l'on envoye dans les différentes ville de commerce.

X V.

Maniere de faire la pâte d'Abricots.

La ville de Clermont en Auvergne fait un commerce immense de pâte d'abricot, & il y a peu d'endroit où on la fasse aussi bonne ; voici la maniere de la faire. On prend des abricots bien murs, on les pele, & on met les pulpes dans une bassine que l'on met sur le feu, on les remue avec une spatule de bois jusqu'à ce qu'ils soient bien desséchés, puis on les jette dans du sucre que l'on a fait cuire à la plume, on les mêle bien, & quand le tout est suffisamment incorporé, on les fait encore cuire un instant, on dresse ensuite cette pâte dans des moules, & on la fait dessécher à l'étuve.

X V I.

Maniere de faire l'Amadou.

Rien ne doit échapper à l'œil attentif de l'économe rural ; l'on a souvent dans ses terres beaucoup d'arbres de différente essence, notamment du frêne, des sapins & du chêne, l'agaric qui croît sur ces différens arbres leur est préjudiciable, il est bon de leur enlever cette excroissance ; & voici la maniere d'en tirer parti. Lorsqu'on a dépouillé ces arbres de l'agaric qui leur est préjudiciable, on le fait cuire dans l'eau pendant une couple d'heures, on le laisse ensuite sécher, & on le bat bien avec un fort maillet de bois ; cette opération finie, on le remet dans une lessive préparée avec du salpêtre ; & après l'avoir lessivée pendant quelques heures, on le retire, & on le fait sécher, puis on le bat de nouveau. Lorsque cet agaric est parfaitement séc, on met dissoudre de la poudre à canon dans de l'eau, quatre onces de poudre suffisent pour une pinte d'eau, & l'on en dissout en quantité suffisante pour pouvoir y tremper & saucer la quantité d'amadou que l'on a préparé. Lorsque cette opération est finie, on la fait sécher : puis on la rebat de nouveau pour la rendre bien souple ; après cette derniere opération, elle est en état d'être mise dans le commerce.

X V I I.

Remede contre les pucerons & autres insectes.

Lorsque je veux garantir quelques plans des insectes, le moyen le plus sûr est de jetter dans ce plan quelques grains de chenevis, son odeur forte en écarte tous les insectes.

X V I I I.

Maniere de saller le beurre & de le conserver pour le mettre dans le commerce.

La méthode de saler le beurre pour le conserver, est des plus utile & des plus profitable, lorsque l'on est pas à portée de le vendre à fur & mesure qu'on le fait faire. C'est pourquoi lorsque l'on est pas à portée d'une ville de consommation, on conserve ses beurre, soit par le moyen de la salaison, soit en le faisant fondre, il y a moins de déchet dans celui que l'on sale ; mais l'un & l'autre s'exporte facilement dans les villes où il y a de la consommation ; je vais commencer par la façon de le saler.

Il est toujours prudent de saler le beurre pendant qu'il est frais, le sel gris est plus propre à cet usage que le sel blanc, parce que l'on prétend que ce dernier lui donne un goût d'âcreté.

Lorſque l'on veut ſaler le beurre, on prend comme je viens de le dire, le plus frais poſſible, on en fait une abaiſſe d'environ un pouce d'épaiſſeur ſur une table bien propre ; lorſqu'elle eſt faite on la ſaupoudre de ſel bien ſec & bien égrugé ; on roule cette abaiſſe puis on la plie, on la paîtrit de maniere à ce que le ſel pénetre par-tout ; après quoi on en réforme une abaiſſe, on la ſaupoudre encore de même, on la repaîtrit de nouveau, & on continue ces opérations, juſqu'à ce que le beurre ſoit également pénétré de ſel par-tout. Il faut une livre de ſel ſur dix livres de beurre, & lorſque le beurre eſt bien paîtri, qu'il eſt aſſez impregné de ſel, on le met dans des vaſes de terre ou grais, & on le preſſe de maniere qu'il n'y reſte aucun vuide. Avant de remplir le vaſe, on met au fond deux lignes d'épaiſſeur de ſel, & lorſqu'il eſt plein, on le recouvre de même. En cet état on couvre le vaſe, & on l'exporte pour la conſommation des grandes villes.

X I X.

Maniere de fondre ou affiner le beurre pour le conſerver.

On conſerve auſſi le beurre en le fondant ou affinant ; dans cet état il ſe conſerve très-long-temps, & on s'en ſert dans les cuiſines pour les fritures.

Pour le préparer il eſt bon de le choiſir le plus frais poſſible, on le met dans un chaudron ſur le feu pour le faire fondre, quand il commence à frémir, on le remue avec une écumoire pour l'empêcher qu'il ne leve, on continuera à le faire bouillir modérement juſqu'à ce qu'il ſoit cuit, & ſa cuiſſon ſe reconnoît lorſque le beurre eſt très-clair, on écume bien toute ſa ſurface ; & en cet état on le retire de deſſus le feu, on le verſe par incantation dans le vaſe où ont veut le conſerver, ſoit de terre ou de boïs, ayant attention de ne pas brouiller le fond qui eſt le mare, & la partie la plus groſſiere qu'on ne mêle point avec le bon beurre, cette partie ſe réſerve pour l'uſage commun de la maiſon, & lorſque le bon beurre eſt réfroidi, on bouche bien les vaſes, & on l'exporte ainſi dans les villes où s'en fait le débit & le commerce.

X X.

Maniere efficace de purifier le bled du noir.

Ma méthode de rendre le bled moucheté propre au commerce, & à la fabriquation du pain a répondu parfaitement aux moyens que j'ai cherché de le purger du noir, de maniere à ne pas lui faire perdre la main. Voici qu'elle eſt mon opération.

Je le fais d'abord vanner comme il eſt d'uſage, les cloques qui contiennent le noir étant infiniment plus légeres que le bled, ſont bientôt ſéparées du bled ; mais cette pouſſiere noire ayant attaqué le bon bled, il faut l'en nétoyer, pour cet effet je me ſers d'un cylindre garni en dedans d'un tamis de fil de fer très-ſerré, & recouvert d'un bariteau ou toile à bluteau ; (on peut ſe procurer le modele de ce cylindre chez l'auteur exécuté dans les proportions de deux pouces pour pied, le prix eſt de quinze livres.) On remplit le quart de ce cylindre de bled taché avec une égale quantité de ſon. On tourne le cylindre,

& au moyen de ce mouvement de rotation, le noir s'échappe à travers le bariteau, la partie la plus graffe refte attachée au fon ; lorfqu'il ne fort plus de noir on ôte le bariteau ; pour lors par le même mouvement de rotation, le fon chargé de noir s'échappe. Lorfque le bled eft féparé du fon, on met dedans le cylindre un torchon de groffe toile qui finit de faffer le bled & de le nétoyer ; ce fon pourroit fe relaver & fervir d'autres fois à cette opération, mais le meilleur eft d'en employer de nouveau ; ce fon ne peut plus fervir à rien, pas même fur les fumiers, encore moins à donner à aucun bétail.

Dans le pays où il y a des balles dépeautre d'orge ou d'avoine, elles peuvent avec avantage fuppléer au fon.

X X I.

Du chaulage & de la préparation qu'on doit donner au bled & à toutes les femences.

J'ai dit dans mon Traité fur les engrais, (N.º 2 de mes ouvrages,) la maniere d'amalgamer la chaux avec les fumiers pour fervir d'engrais. On peut à cet effet confulter le dit Traité.

La leffive qui provient de cette amalgame eft d'une utilité & d'un efficacité reconnue pour le chaulage, & la préparation que l'on doit donner à toutes les femences. Voici comme j'opere.

Je prends fix boiffeaux de bled mefure de Paris, étant préparés par ma méthode ils font plus que fuffifant pour enfemencer un arpent de terre même mefure, on met cette femence dans un cuvier percé au fond comme ceux qui fervent à la leffive, après avoir bouché ce trou avec un tampon de paille, & l'avoir recouvert de même paille, on y verfe une affez grande quantité de leffive que je viens d'indiquer, pour que les femences en foient couvertes de deux à trois doigts, on les y laiffe pendant vingt-quatre heures, ayant foin de les remuer plufieurs fois, le bled ne tarde pas à fe gonfler de plus de moitié. Au bout de dix-huit à vingt heures, on ôte le tampon pour laiffer égoutter la liqueur peu-à-peu qu'on a foin de recevoir dans de petits cuviers, au bout de vingt quatre heures, le bled eft en état d'être femé, mais comme il eft encore fort humide ; voici le moyen de le fécher. On tamife des cendres de bois neuf qu'on étend par terre, on y paffe le bled, & on le remue bien jufqu'à ce qu'il ne s'attache plus à la main, cette opération fe fait plus facilement fi on fait divers tas féparés.

Cette préparation eft excellente pour toute efpece de femence ; les plus fines doivent y féjourner moins long-temps.

X X I I.

Maniere de faler & fumer les groffes viandes, pour les conferver.

Le peu d'ufage que l'on a de faler ou fumer des viandes en France, font regarder cet objet comme peu économique, on pourroit cependant en tirer un parti très-avantageux dans l'economie rurale. Les habitants du nord, & les
Hollandois

Hollandois ne rejettent pas cet avantage. Les viandes falées fervent feulement à nourrir les habitans des terres & des campagnes où la confommation ordinaire ne permettroit pas d'établir des boucheries publiques ; mais l'avantage de cette méthode fe fait particuliérement fentir dans les ports de mer , foit pour l'approvifionnement des vaiffeaux, foit pour l'exportation qu'on en peut faire dans les villes ; & cet ufage eft d'autant plus avantageux , qu'après avoir tiré parti des chairs des animaux qu'on fale , tous les débris reftent pour l'ufage des habitants de la ferme. Voici donc la maniere de préparer les viandes falées.

On prend dix à onze livres de fel par chaque cent livres de viande ; on a un preffoir fur lequel on étend du fel à l'épaiffeur de deux lignes ; on arrange la viande deffus, on la recouvre de fel, & on forme ainfi plufieurs couches de viande & de fel , & fuivant la quantité que l'on en a ; on a foin dans cette premiere opération de n'employer que la moitié du fel néceffaire , c'eft-à-dire, cinq à fix livres de fel fur cent livres de viande, après quoi on la preffe fortement. La faumure qui en découle fe met dans un faloir : lorfque la viande a paffé vingt-quatre heures fous la preffe , on la retourne, en y mettant la feconde moitié de fel ; on recommence la même opération, & on la preffe de nouveau pendant vingt quatre heures.

Quand la chair eft ainfi mortifiée, on la retire de deffous le preffoir , & on la met dans le faloir pendant dix à douze jours ; au bout de ce temps on la retire du faloir , parce qu'elle a pris tout le fel qui lui eft néceffaire. On la remet une troifieme fois en preffe, on la laiffe encore pendant vingt - quatre heures ; après quoi on la retire , on la faupoudre légérement de fel bien fec, & on la fufpend dans un endroit bien aéré , pour qu'elle puiffe fécher : préparée de cette façon, elle fe conferve très-long-temps , & on en prend à fur & mefure de la confommation que l'on en veut faire.

Si on veut exporter cette viande après l'avoir retirée pour la troifieme fois de la preffe, & l'avoir faupoudrée comme j'ai dit plus haut , on la met dans des futailles bien propres & bien faines.

Il faut avoir attention que la preffe & les faloirs dont on fe fert pour cet ufage n'ayent pas fervi pour faler les cochons, ni à aucun autre ufage quelconque , parce que cela feroit contracter un mauvais goût à la viande.

Lorfqu'on veut préparer des viandes fumées , quatre livres de fel fuffifent par quintal de viande.

On l'arrange, comme je l'ai dit plus haut , fous la preffe , on l'y laiffe une feule fois vingt-quatre heures ; mais au lieu de la mettre dans le faloir, on l'expofe au fumoir. Cette piéce n'eft autre chofe qu'une chambre fermée de toutes parts , au haut de laquelle on fufpend les viandes , & où l'on a foin d'entretenir fur l'aire un petit feu qui produife beaucoup de fumée, & le moins de flamme poffible. Il eft avantageux d'entretenir le feu avec du bois & des bayes de genievre : la viande en contracte un goût plus agréable & plus odoriférant.

Quand elle eft fuffifamment fumée , ce qui fe reconnoît quand elle eft bien defféchée, on la retire du fumoir ; & dans cet état, on peut l'exporter & la conferver pour le befoin de la maifon.

XXIII.

Maniere avantageuse de rouir le chanvre.

La méthode commune que l'on employe pour rouir le chanvre est dangereuse : car si on le met rouir dans une eau courante , cette eau fait mourir les poissons , & fait beaucoup de mal au bétail qui boit au-dessous ; si on le met rouir dans une eau dormante, elle infecte l'air , & est capable d'occasionner des épidémies.

Cette eau d'ailleurs devient pestilentielle , & seroit trop dangereuse pour le bétail qui pourroit en boire. J'ai donc cherché les moyens de faire rouir le chanvre sans le mettre dans l'eau , & voici mon procédé.

Lorsque la seconde coupe d'un pré est faite , on porte le chanvre dessus , & on l'y étend à côté l'un de l'autre ; on a soin de le retourner tous les jours , au moyen d'un grand bâton de sept à huit pieds , les fraîcheurs des nuits d'automne suffisent pour le rouir parfaitement.

Lorsqu'il est suffisamment roui, ce qui se connoît quand il se teille aisément & qn'il est bien sec, on l'emporte pour le mettre à l'abri & le faire teiller aux femmes & aux enfants, dans les soirées d'automne , en menant promener ou garder les bestiaux.

Il faut , autant qu'il est possible , en le teillant, séparer le mâle de la femelle. On teille ordinairement la femelle la premiere ; sa qualité est toujours plus fine , & fait de plus belle toile que le chanvre qui provient du mâle : ce dernier se vend aux cordiers. La toile qui en provient est beaucoup plus grossiere.

Le chanvre étant tout teillé , on le bat de plusieurs manieres pour le faire peigner ou serancer ; la premiere façon & la plus incommode , est de le battre à coup de maillet sur une planche , d'autres le portent au moulin pour le faire écraser sous une meule semblable à celle qui sert à écraser les pommes ; d'autres sous des especes de marteaux contenus dans une auge , comme les moulins de papéterie. Le premier moyen est trop pénible & trop long ; le second. & le troisieme paroîtroient plus avantageux pour l'adoucir. Si ces especes de fouloirs ne le cassoient pas , mais ils en alterent infiniment la qualité. Quant'à moi, je ne me sert d'aucuns de ces moyens : lorsque mon chanvre est teillé , je le fais mettre en grosses nattes , je le fais rouir une seconde fois ; pour cet effet je remplis aux trois quarts un grand cuveau de ces nattes que je fais charger de pierres , puis je fais remplir le cuveau d'eau , je le laisse en cet état pendant deux jours : au bout de ce temps je le fais battre avec un battoir à lessive sur une planche soutenue obliquement comme celle des blanchisseurs. Le chanvre se dépouille ainsi de sa gomme la plus grossiere ; je le remets dans une nouvelle eau , & je renouvelle cette opération pendant huit jours de suite , jusqu'à ce que le chanvre soit dépouillé de toute sa crasse. Lorsqu'il a un coup-d'œil clair , ce qui se reconnoît alors aisément , les parties du chanvre se séparent & paroissent aussi belles que si elles avoient passé par le savon ; on le dénatte ensuite , & on le fait sécher sur des perches exposées à l'air , & on a soin de le faire sécher promptement , de crainte qu'il ne pourrisse.

Cette méthode de préparer le chanvre offre plusieurs avantages ; le premier & qui intéresse l'humanité, c'est qu'elle n'expose point les ouvriers à des maladies dangereuses comme les autres méthodes , parce que dans le seran ordinaire il sort du chanvre une poussiere mal-faisante , qui s'introduit dans les poumons avec l'air , ou dans l'estomac avec la salive , & fait beaucoup de mal aux ouvriers ; ce qui n'a plus lieu par ma méthode.

Le second avantage , c'est que le chanvre ainsi préparé donne un fil égal au plus beau lin , & qu'il en produit davantage , puisqu'il ne donne qu'un tiers d'étoupes comparé à la méthode ordinaire. Cette étoupe est beaucoup p'us belle , & donne un bon fil , presqne aussi beau que celui qui sort du chanvre préparé par la méthode ordinaire.

Après cette opération , lorsque le chanvre est parfaitement sec , on le donne au seranceur qui le fait passer au seran pour en diviser l'œuvre & l'étoupe. Il ne reste plus alors qu'à le faire filer , ou le vendre.

Il y a beaucoup d'avantage à le faire filer , soit pour en faire des fils retorts , soit pour employer aux toiles , ou autres fabriques ; cela dépend du lieu & des spéculations qu'on peut faire en ce genre. Mais il est bon d'occuper les filles , à leur temps perdu , à la filature d'une partie des étoupes , pour entretenir le linge à l'usage de la maison.

On peut rouir le lin de la même maniere que je viens d'indiquer pour le chanvre.

X X I V.

Instruction sur les baux à cheptels , & la maniere avantageuse de les rendre profitables.

De toutes les spéculations avantageuses que l'on peut faire à la campagne , aucunes n'offrent un produit aussi considérable que celle des baux à cheptels.

L'homme ambitieux de fortune peut-il s'exposer aux traverses & aux dangers d'un élément incertain ? Peut-il exposer sa vie & sa fortune pour satisfaire une cupidité qu'il peut satisfaire auprès de ses foyers ? Je le dis & le répete , les mines abondantes du Pérou , les productions les plus fertiles des pays étrangers , le commerce le plus avantageux ne produiront jamais ce que l'éducation & la multiplication du bétail produiront ; je vais le démontrer par bien des exemples , puisque les baux à cheptels procurent souvent , & sous le laps d'un petit nombre d'années , une tontine plus avantageuse & plus lucrative que celle qu'offrent les banques les plus considérables de l'Europe à la cupidité de l'homme dans un laps de temps beaucoup plus long.

On fait des baux à cheptels de toutes especes de bétail , notamment des bêtes à laine , des vaches , des bœufs , des mouches à miel, ces derniers sont les plus usi és ; on en fait aussi de cochons , de chevaux , de volailles , &c. Je vais entrer dans tous les détails de ces baux à cheptels , & de leur avantage particulier.

On appelle bail à cheptel lorsqu'un particulier donne du bétail à un autre particulier. Le premier achete le bétail , le deuxieme l'entretient. Les avantages réciproques des contractants sont de partager les produits qui en proviennent , comme je vais le faire voir dans les différentes especes, ces baux sont licites & permis par plusieurs Bulles de cinq Papes Romains , & par différents Conciles , telle que les Bulles de Sixte-Quint , & de Saint-Thomas , par le Concile de Milan , par l'Assemblée de Melun en 1570 , & par différents Législateurs.

Il faut obſerver pour que ces baux ſoient licites , il faut , dis-je , que la groſſe aventure reſte au compte du bailleur; c'eſt-à-dire , qu'au cas de perte de bétail par cas fortuit de mort naturelle, la perte doit en être ſupportée par le bailleur , & non par le preneur ; mais ſi le preneur force le bétail à un travail forcé , ou excede le bétail de fatigue , dans ce cas la perte doit être ſupportée par le preneur.

Il y a cependant bien des Provinces où on exige du malheureux cultivateur qu'il ſupporte la moitié de la perte du bétail ; mais cette clauſe eſt injuſte , & pour qu'elle puiſſe être légale , le bailleur ne peut prélever la valeur de ſa miſe de fonds, qu'autant qu'il y a un bénéfice excédent. Il ſe commet une infinité d'abus de part & d'autre dans ces ſortes de baux , ſuivant les Provinces ; & pour l'un & l'autre, je vais les détailler.

Paul,pauvre laboureur,a beſoin d'une paire de bœufs & d'une vache ou deux pour pouvoir labourer ſes terres & ſubvenir à la nourriture de ſa famille. Pierre,bailleur, lui offre une main ſecourable , en lui fourniſſant le bétail dont il a beſoin, ſous les conditions de partager avec lui le croît & le con-croît dudit bétail, (on appelle le croît, les petits qui proviennent du bétail , & le con-croît , les petits des petits à l'infini.) Paul ſe charge de nourrir & entretenir le betail , Pierre en en fait les fonds ; la ſociété devient égale & légitime , ſur-tout lorſque Pierre courera la groſſe aventure de la perte de ſon bétail : mais ſuivons les abus qui vont réſulter de la cupidité de Pierre , bailleur , il donnera en cheptel deux bœufs , deux vaches , de la valeur enſemble de trois cens livres ; mais il les donnera ſur l'eſtimation de quatre cens à quatre cens cinquante livres. Paul qui a beſoin de bétail , eſt obligé de paſſer par l'appréciation qu'en fait Pierre, & celui-ci met donc en ſûreté déjà un bénéfice de cent à cent cinquante livres ; mais il n'en reſte pas là, le fonds du cheptel chaque jour acquiert de la valeur par ſon croît & con-croît. Pendant cet intervalle , Pierre, bailleur, retire petit-à-petit les produits du fonds du cheptel , & en retient la valeur à compte de ſa miſe de fonds , de façon qu'il eſt à couvert de tout événement, & continue toujours à partager avec Paul le produit du croît & con-croît du fonds du cheptel qui reſte ; mais ici la bonne foi perd ſon équilibre, & il eſt démontré que Pierre eſt un uſurier qui vole impunément Paul, puiſque Pierre ayant retiré ſes fonds, & que le bétail qui reſte leur appartient également. Pierre & Paul y ont chacun leurs portions ; la charge de l'entretien reſte en entier à Paul, & Pierre n'a plus de groſſes aventures à courir que Paul ne les coure également , donc le partage des produits n'eſt plus égal à la miſe des fonds. Il y a encore quantité d'autres moyens illicites de vexer le cultivateur dans ces ſortes de baux plus groſſiers les uns que les autres, delà vient la mauvaiſe foi réciproque du cultivateur qui, voyant qu'on le trompe, eſt obligé d'en paſſer par cette voie , qui devient uſuraire. Mais à ſon tour il rend le réciproque quand il le peut, les avantages ſont aſſez conſidérables ſur les baux à cheptels, ſans ſe ſervir de moyens auſſi bas.

Il y a bien des Provinces où la loi du cheptel n'eſt pas avantageuſe au bailleur de fonds par la Coutume. Le principe de cette Coutume étoit alors une néceſſité ; mais aujourd'hui elle eſt devenu un abus : la voici. Dans les Provinces où les propriétés ſont très-grandes,les Seigneurs ſe ſont trouvés obligés de donner leurs terres à cultiver aux malheureux ; mais ne pouvant eſpérer d'eux aucunes rétributions pécuniaires de la valeur des revenus de leurs terres , à cauſe de leur pauvreté &

de leur misere, ils ont été obligés de former avec eux un contrat social, c'est-à-dire, le propriétaire donne les fonds de terre au cultivateur, celui-ci sa peine & son labour, ils partagent les produits, la loi est égale ; ces cultivateurs n'avoient point de bétail, il leur en falloit. Le propriétaire a donc été obligé encore de leur en procurer, & de leur passer des baux à cheptels sous la condition d'un partage égal des produits, cela est juste : mais malgré toutes ces mises de fonds de la part du propriétaire, le premier ne pouvoit nourrir le bétail qu'avec les propres fonds de celui-ci : ce qui fait un surcroît de mise de fonds pour le bailleur, & pour lors l'égalité du partage dans les produits n'est point avantageuse au bailleur : delà vient aussi le peu de bonne foi que la plus grande partie des propriétaires ont dans le partage du produit de leurs bestiaux. Cette maniere d'opérer étoit de nécessité dans un temps où l'agriculture dans l'enfance obligeoit les propriétaires à ne point laisser leurs terres incultes ; mais aujourd'hui qu'elle prend une nouvelle forme & une nouvelle vigueur, que la population augmente, ce seroit entretenir une fainéantise grossiere parmi les cultivateurs de ces Provinces qui, plus égoïstes encore que les habitans des villes n'ambitionnent par un travail peu fatigant, que la jouissance d'une grossiere existence sur des fonds immenses qui devroient produire l'existence d'une foule de citoyens. Mon assertion est si vraie que dans les Provinces peuplées où on n'a point l'habitude de fournir aucuns bétails & aucunes terres pour le nourrir, toutes ces Provinces, dis-je, sont cependant plus riches, parce que la nécessité de cultiver, leur procure une activité que les cultivateurs n'ont pas dans les Provinces où un usage préjudiciable à la prospérité de l'agriculture ne s'est pas introduit. Et dans le cas où le cultivateur ne seroit pas aisé, il a la ressource des baux à cheptels ; il est temps de voir quels sont les avantages de leurs produits pour le bailleur & pour le preneur.

Des baux à cheptels sur les Bêtes à laine.

Moutons pour engraisser.

Un particulier achetera dans ces pays-là un lot de cinquante à soixante têtes de moutons, à raison de quatre liv. ou cent sols la tête, chargés de leurs toisons, cet objet lui coûtera, sur un nombre de soixante moutons, à raison de cinq liv. la piéce, la somme de trois cents liv. Le premier produit est leur tonte, le propriétaire tire donc sur cet objet au moins soixante livres de laine qui, évaluées au plus bas à vingt sols, valent soixante livres, ci . . . . . . 60 liv.

Voilà donc quatre ans d'intérêt pour une pareille somme qui se perçoit dans la même semaine. Le cultivateur qui les prend à cheptel, profite de ce troupeau, tant pour le parcage & amendement de ses terres, que pour le produit qu'il peut & doit espérer de ces animaux lorsqu'ils seront suffisamment gras & en chair. Dans cet état, les moutons se vendront au moins neuf à dix livres la piéce : voilà donc encore un bénéfice de deux cents quarante liv. sur ce troupeau, dont moitié est réservée pour le bailleur de fonds, ou propriétaire, ci   120 liv.

Avec les soixante livres de toison, fait . . . . 180 liv.

Il est donc à voir par ce tableau qu'un particulier qui fait valoir ainsi ses fonds, tout en tendant les bras au cultivateur, & étant une cause seconde de l'amélioration de l'agriculture, il a fait valoir fon argent, à raifon de foixante pour cent, dans le laps de trois mois; ce qui feroit un intérêt de deux cents quarante pour cent par an.

L'avantage réciproque du bailleur & du preneur eft affez démontré dans cette premiere opération ; je vais démontrer leurs bénéfices fous un autre point de vue, & dont les bénéfices feront encore plus apparents. Suppofons qu'un particulier ait placé cent brebis en 1780 , ce troupeau lui emporte un fonds de trois cens livres au plus. Voyons ce qu'il aura retiré au bout de dix ans de cette tontine.

Années.	Brebis.	Moutons.	Antenets.	Antenelles.	Agneaux.	Agnelles.	Vieilles Brebis.
1780.	100.				50	50.	
1781.	100.		50.	50.	50.	50.	
1782.	150.	50.	50.	50.	75	75.	
1783.	200.	50.	75.	75.	100.	100.	
1784.	276.	75.	100.	100.	140.	140.	
1785.	375.	100.	140.	140.	180	180.	
1786.	515.	140.	180.	180.	260.	260.	100.
1787.	595.	180.	260.	260.	300.	300.	100.
1788.	755.	260.	300.	300.	380.	380.	150.
1789.	905.	300.	380.	380.	455.	456.	

Il eft donc à voir par ce tableau de progreffion que cent brebis qui coûteroient à un propriétaire une fomme de trois cens livres, lui rapporteroit infiniment dès la premiere année, & qu'au bout de dix ans cette tontine fe porteroit à plus de douze mille livres de revenu, tel qu'il eft à voir par l'état du produit que j'en vais donner.

L'année 1780 donnera en produit effectif 100 liv. de laine à 20 fols. . 100 l.

L'année 178. donnera en produit effectif 150 liv. de laine à 20 f. . . 150

Année 1782 donnera en produit 250 liv. de laine à 20 f. 250 liv. ⎫

en vente de 50 moutons à 9 liv. . . . . . 450 liv. ⎬ . 700 ⎭

Année 1783 donnera en produit 325 liv. de laine à 20 f. 325 liv. ⎫

en vente de 50 moutons à 9 liv. . . . 450 liv. ⎬ . 775 ⎭

Année 1784 donnera en produit 400 liv. de laine à 20 f. 400 liv. ⎫

en vente de 75 moutons à 9 liv. . . . . 675 liv. ⎬ . 1075 ⎭

Année 1785 donnera en produit 615 liv. de laine à 20 f. . 615 liv. ⎫

en vente de 100 moutons à 9 liv. . . . 900 liv. ⎬ . 1515 ⎭

Année 1786 donnera en produit 835 liv. de laine à 20 f. 835 liv. ⎫
en vente de 140 moutons à 9 liv. . . . 1260 liv. ⎬ . 2495
en vente de 100 brebis graffes à 4 liv. . . 400 liv. ⎭

6810 liv.

Montant d'autre part. . . . . 6810 liv.

Année 1787 donnera en produit 1035 liv. de laine à 20 f. 1035 liv. ⎫
    en vente de 100 brebis graffes à 4 liv. . . 400 liv. ⎬ . 3055
    en vente de 180 moutons à 9 liv. . . . 1620 liv. ⎭

Année 1788 donnera en produit 1315 liv. de laine à 20 f. 1315 liv. ⎫
    en vente de 260 moutons à 9 liv. . •. . 2340 liv. ⎬ . 4255
    en vente de 150 brebis graffes à 4 liv. . . 600 liv. ⎭

Année 1789 donnera en produit 1585 liv. de laine à 20 f. 1580 liv. ⎫
    en vente de 300 moutons à 9 liv. . . . 2700 liv. ⎬ . 5085
    en vente de 200 vieilles brebis à 4 liv. . . 800 liv. ⎭

                                                     19205 liv.

Outre cette fomme, il refte encore en effectif comme il est ⎫   3785 liv.
avoir par le tableau, 555 brebis évalué à 3 liv. . . . 2265 liv. ⎬
380 antenelles évalués à 4 liv. valent. . . . 1520 liv. ⎭   22990 liv.

380 antenets évalués à 40 f. . . . . 760 liv. ⎫
455 agneaux. ⎱   ⎬   1670 liv.
       ⎰ 910 agneaux à 20 f. . . . . 910 liv. ⎭
455 agnelles. ⎰

                                                24660 liv.

L'on voit par ce tableau qu'une fomme de 300 livres a rapporté dans le courant de dix ans une fomme de 24660 livres, dont le propriétaire rentier fans frais, fans culture & fans dépenfe, tire un produit de 12630 livres, produit exhorbitant, & qui n'eft pas à mettre en parallele avec celui de 150 livres, qu'il auroit tiré pour la rente ordinaire de fon argent à cinq pour cent ; il a encore l'avantage d'avoir aidé le cultivateur d'une fomme de 12030 livres, & d'avoir donné à l'agriculture une quantité d'amendements confidérables.

Voici quels font ordinairement les conditions des beaux à cheptel pour les bêtes à laine.

Le bailleur donne une quantité quelconque de bêtes à laine, dont le prix eft évalué lors de la paffaffion du marché, le premier eft tenu de nourrir & foigner le troupeau en bon pere de famille ; le produit de la vente des laines, des agneaux & des brebis fe partage par moitié entre le bailleur & le preneur, & lors du moment de l'exigue du cheptel, qui fe fait à la volonté du bailleur fur la totalité, il prélee la valeur de fa mife de fond en nature de bétail, & le furplus eft partagé en deux lots égaux, dont l'une appartient au preneur, & l'autre au bailleur ; il eft à remarquer que ces baux, quoi qu'en difent plufieurs auteurs, ne peuvent être limité pour un temps fixe par quantité de raifons, mais le bailleur doit conferver la liberté de faire l'exigue de fon cheptel quand il lui plaira ; mais il ne faut pas non plus qu'un bailleur en agiffe malhonnêtement avec fon preneur, & qu'à la fortie de l'hiver & au moment où le cheptel feroit dans le cas de rapporter le plus de profit, il vienne à en faire l'exigue.

Des Baux à cheptel sur les Ruches.

Les baux à cheptel sur les ruches donnent aussi un produit considérable , & ne sont pas moins avantageux que ceux sur les bêtes à laine. J'en vais démontrer le tableau.

A supposer qu'un particulier mette une somme de 300 livres dans les ruches : voici quel seroit son produit pendant 10 ans ; 30 ruches à 10 liv. font . 300 l.

Le fonds de cheptel donnera bon an , mal an , au moins 10 livres de miel, & 2 livres de cire par chaque ruche.

Année 1780 donnera donc 300 liv. de miel à 6 s. valent 90 liv. } . 210 l.

    60 liv. de cire à 2 liv. . . . . 120 liv. }

    Au moins 15 essaims. . . . .

Année 1781 donnera 450 liv. de miel à 6 s. . . . . 135 liv. } . 315

    90 liv. de cire à . . . . 2 liv. . . . . 180 liv. }

    Au moins 23 essaims. . . . .

Année 1782 donnera 680 liv. de miel à 6 s. . . . 204 liv. } . 476

    136 liv. de cire à 2 liv. . . . . . . 272 liv. }

    Au moins 34 essaims. . . . .

Année 1783 donnera 1020 liv. de miel à 6 s. . . . 301 liv. } . 709

    204 liv. de cire à 2 liv. . . . . 408 liv. }

    Au moins 51 essaims. . . . .

Année 1784 donnera 1530 liv. de miel à 6 s. . . . 459 liv. } . 1071

    306 liv. de cire à 2 liv. . . . . 612 liv. }

    Au moins 77 essaims. . . . .

Année 1785 donnera 2300 liv. de miel à 6 s. . . . 690 liv. } . 1610

    440 liv. de cire à 2 liv. . . . . 920 liv. }

    Au moins 115 essaims.. . . . .

Année 1786 donnera 3450 liv. de miel à 6 s. . . . 1035 liv. } . 2415

    690 liv. de cire à 2 liv. . . . . 1380 liv. }

    Au moins 173 essaims. . . . .

Année 1787 donnera 5180 liv. de miel à 6 s. . . . 1554 liv. } . 3626

    1036 liv. de cire à 2 liv. . . . . . . 2072 liv. }

    Au moins 259 essaims. . . . .

10432
Année

| *Montant d'autre part.* . . . . | 10432 liv. |

Année 1788 donnera 1770 liv. de miel à 6 f. . . . 2331 liv. ⎫
⎬ . 5439
1554 liv. de cire à 2 liv. . . . . 3108 liv. ⎭
Au moins 339 effaims. . . . .

Année 1789 donnera 11630 liv. de miel à 6 f. . 3498 liv. ⎫
⎬ . 8162
2332 liv. de cire à 2 liv. . . . . 4664 liv. ⎭
Au moins 584 effaims. . . . .

____
24033 liv.

Outre cette fomme, il refte, comme on voit 1750 ruches qui, à raifon de 10 livres, comme le prix principal, valent . . . . 17500 liv.
Montant des fommes ci-deffus, ... 24033
____
TOTAL. . . . . 41533 liv.

On voit par ce tableau qu'une fomme de 300 liv. a rapporté dans le cours de dix ans, celle de 41533 liv., dont il y a pour le bailleur une fomme de 20916 liv. 10 f. & pour le preneur celle de 20616 liv. 10 fols.

On peut juger delà combien ces fortes de baux font avantageux au propriétaire, au cultivateur, au commerce & à la nation en général : ces fortes de baux fe donnent à moitié & aux mêmes conditions que ceux des bêtes à laine ; il eft inutile que je donne de plus amples détails, & que je donne de nouveaux états d'apperçu de produit fur les différentes efpeces de bétail que l'on peut donner en cheptel. Je me bornerai feulement à dire que ceux que l'on fait fous d'autres efpeces de bétail, ne font pas moins profitables & avantageux ; l'on peut voir qu'une fomme de trois cens mille livres donneroit à l'agriculture un nouvel effort, foulageroit infiniment le cultivateur, & que les produits de cette fomme fe monteroient à plus de vingt-cinq millions pendant un laps de temps auffi court, dont moitié de cette fomme feroit reverfible au bailleur de fonds, & l'autre moitié aux malheureux habitants des campagnes.

Je donnerai dans un Traité particulier la forme des baux à cheptels fur toute efpece de bétail, la maniere d'en faire la comptabilité, & la rendue de compte.

Une fociété fe propofe de faire un fonds de trois cents actions de 1200 liv. chacunes divifées par demie & un quart d'action, pour pouvoir établir dans différentes provinces, & fous la régie de cette même compagnie, la geftion de ces baux.

X X V.

Maniere de faire les Cornichons, & d'en tirer avantage dans le commerce.

Un bon économe ne doit pas rejetter le profit qu'il peut faire fur cette partie.

Lorfqu'on a une quantité de cornichons, on les fait effuyer doucement & légérement pour ôter les petits picots qui fe trouve à la fuperficie ; ce qui forme autant d'yeux au fruit par où il jette une abondance d'eau qui feroit inutile à

D

leur confection ; ce que l'on obtient encore par le moyen du sel , dont on les saupoudre , & dans lequel on les laisse passer quinze à dix-huit heures.

On a soin de se procurer de petits barils en bois de chêne , qui contiennent environ une pinte & demie de Paris. On prépare ces petits barils par un bain d'eau bouillante , dans laquelle on aura fait bouillir des bayes de genievres.

Lorsque les cornichons ont passés quinze à dix-huit heures dans le sel, on les met dans ces barils, dans lesquels on jette une demie poignée de sel avec une douzaine environ de grains de poivre rond , & autant de têtes de cloux de girofle. On remplit les barils par la bonde qui est dans un des fonds : quand ils sont à-peu-près pleins , on remet un bouquet d'estragon , & finalement on l'emplit de bon vinaigre blanc , ou rouge ; mais le blanc est préférable.

On met aussi-tôt la bonde du baril , & on le calfeutre avec du goudron.

Les Hollandois vendent les barils communément de deux à trois livres , & en font un commerce considérable que la négligence de l'économe françois leur abandonne.

X X V I.

Moyens simples d'avoir de bonne eau dans un puits.

Construction nécessaire à ce procédé.

Lorsque l'on veut avoir de bonne eau dans un puits , qu'elle y soit claire & qu'elle n'ait aucun goût de limon , il faut , en construisant le puits, faire l'excavation des terres beaucoup plus considérables que pour l'ordinaire.

Je suppose que je veuille construire un puits de cinq pieds de diametre , je fais l'excavation au moins de douze à quinze pieds ; je fais un faux puits , auquel je donne dix à douze pieds de diametre. Au milieu de ce grand puits je construis mon puits véritable sur un diametre de cinq pieds ; mais de maniere que les pierres étant mal-jointes ensemble , laissent filtrer l'eau à travers. Alors, je remplis mon faux puits de sable & de cailloux , de maniere que l'eau ne puisse arriver dans le vrai puits qu'après avoir filtré à travers ce sable & ces cailloux ; par ce moyen l'on est sûr de n'avoir qu'une eau filtrée , parfaitement claire & bonne à boire.

Cette opération est à la vérité un peu dispendieuse ; mais l'avantage que l'on a d'avoir une eau bien saine & bien filtrée , dédommage de cette dépense.

X X V I I.

Maniere de construire des clapiers simples & profitables sans en ressentir d'incommodités.

Si l'éducation du lapin est profitable & avantageuse pour la multiplication de son espece, elle dégoûte infiniment l'économe rural par le dégât que font ces animaux.

Les clapiers que j'ai imaginé , outre la simplicité de leur construction, offrent le double avantage d'en tirer un produit considérable , & de n'en point ressentir d'incommodité. Voici qu'elle est ma méthode.

Je prends une vieille futaille d'un poinçon, que je défonce des deux côtés, &
dans un endroit bien abrité de la chûte des eaux ; je fais faire une excavation en
terre de deux pieds plus profonde que la hauteur de la futaille ; j'y mets ensuite
cette futaille à raz de terre, elle sert seulement à contenir les terres tout-au-tour.
J'y adapte un couvercle avec un cadenas pour mettre mes lapins à l'abri des
voleurs.

Lorsque le local est ainsi préparé, j'y mets un lapin & deux hâasses ; ils travaillent aussi-tôt à se former des terriers qu'ils poussent quelquefois très-loin.

Il est à remarquer que le lapin n'a jamais deux trous à son terrier ; il n'y donne
jamais d'issue, & enfonce toujours au lieu de monter. Ainsi, on n'a point à
craindre qu'il sorte d'aucun côté.

On a soin de piquer une couple de cloux dans les parois, au-dedans de la futaille, pour pouvoir y suspendre une ou deux bourses de filets, dans lesquelles
on met du foin, du regain, de l'herbe, & la nourriture que l'on veut donner à
ces animaux. On a soin de leur en donner souvent & toutes les fois qu'on les vi-
site. Par ce moyen, vous les voyez accourir au moindre bruit, & sont si familiers
que la personne qui leur donne à manger choisit d'entr'eux ceux qui lui convien-
nent. Elle doit se défaire autant qu'elle peut de l'abondance des mâles.

Si l'auteur ne s'étoit pas rendu assez intelligible à quelques amateurs de ces
clapiers, ils pourroient s'adresser à lui, il leur en enverra un modele, & il pourroit même le leur faire construire.

Ces sortes de clapiers se placent dans des coins de basse-cour, de jardin, de
terreins perdus, &c. qui ne peuvent servir à autre chose.

Ce n'est pas tout de donner le moyen de les élever, il faut aussi donner celui
de les manger aussi bons que les meilleurs lapins de garenne qui auroient brouté
les herbes les plus fines, les plus odoriférantes & les plus délicates.

Aussi-tôt qu'on a tué un de ces animaux sans le déshabiller, on le vuide de
tous ses intestins, & on met à leur place un bouquet d'herbes odoriférantes,
comme de thym, marjolaine, beaume, estragon, &c. & on le laisse ainsi au cro-
chet pendant deux jours, ensuite de quoi on le dépouille & on le prépare.

X X V I I I.

Maniere de faire l'hydromel.

Il y a de l'hydromel cuit, & de l'hydromel qu'on ne cuit pas ; la maniere
ordinaire de faire le premier est de prendre vingt livres de miel sur cinquante
pintes d'eau : on met bouillir le tout avec un peu de muscade & de canelle ra-
pée. On reconnoît la cuisson du tout quand un œuf que l'on passe dans cette liqueur y surnage ; on remplit aux trois quarts une futaille de cette liqueur ; on
ne couvre cette futaille qu'avec un linge, pour empêcher seulement les ordures
d'y tomber, & on la met dans un lieu chaud, ou à l'ardeur du soleil. Cette liqueur ne tarde point à entrer en fermentation ; cette fermentation dure suivant
les chaleurs pendant un mois à cinq semaines. Quand elle est finie, on transvase
l'hydromel, pour le mettre dans une futaille de moindre contenue, de sorte
que cette deuxieme futaille soit pleine ; on la transporte ensuite dans la cave,
où on la laisse passer l'hiver, & au printemps cette liqueur est très-agréable à

boire , & se conserve très-long temps en bouteille , dans lesquelles on le soutire.

La maniere de faire l'hydromel non cuit est plus simple & préférable. On prend trente livres de miel sur soixante pintes d'eau ; on mêle le tout dans une futaille en un lieu chaud , ou au moins tempéré , pour l'exciter à la fermentation. On reconnoît que ladite fermentation est cessée , lorsqu'on n'entend plus de bruit dans les tonneaux.

On la soutire pour lors dans un tonneau plus petit , qu'on emplit & qu'on bouche bien. On le laisse passer en cet état l'hiver à la cave ; au printemps on tire la liqueur en bouteille , elle se conservera parfaitement bien.

Lorsque la liqueur cesse de fermenter , on peut par la distillation en tirer une eau-de-vie très-agréable & très-spiritueuse.

X X I X.

Moyens de faire mousser toute espece de vin blanc.

Lorsqu'on soutire du vin blanc pour le mettre en bouteille , c'est de mettre dans l'entonnoir un sachet contenant gros comme une noix de moutarde en poudre, boucher aussi-tôt la bouteille , & le vin moussera avec violence , losqu'on la débouchera.

X X X.

De l'ordre qu'un Maître doit établir dans ses Domestiques à la Campagne.

La moindre confusion bouleverse toute l'économie qui doit régner dans une administration. A la confusion succede le dégât ; ce qui souvent a donné lieu au mauvais proverbe , qui dit que le train mange le train. On ne peut cultiver sans bras ; mais encore une fois, il faut éviter la confusion , de façon que chaque domestique doit avoir ses occupations attributives, & ne doit pas s'en écarter. Il est donc nécessaire d'avoir dans une grande administration le nombre des domestiques chefs que je vais detailler.

1. Un Valet Laboureur.
2. Un Jardinier Pottager.
3. Un Jardinier Fruitier.
4. Un Palefrenier.
5. Un Bouvier.
6. Un Vacher.
7. Un Berger.
8. Un Porcher.
9. Un Dindonnier.
10. Un Vigneron.
11. Un Valet de Cour.
12. Un Chartier.
13. Un Chevrier.
14. Un Valet de Fumiers & Engrais.

15. Une Fille de peine.
16. Un Commiffionnaire.
17. Gardes.

Ce nombre à beaucoup près ne fuffit pas dans une grande adminiftration, mais ce font autant de chefs qui doivent veiller aux objets qui leurs font confiés ; & lorfqu'il eft néceffaire d'augmenter les bras ils en demandent aux maîtres.

Il eft abfolument effentiel à un maître qui veut avoir un certain ordre chez lui, d'avoir un petit compte ouvert pour chacun de fes domeftiques, fur-tout s'il en a beaucoup; d'abord pour y porter leur gages & toutes les avances qu'il peut leur faire pendant le cours de l'année, de forte qu'il puiffe fans peine régler leur compte & les arrêter avec eux. Les payer s'il leur doit, parce que le moindre délai dans ce genre les énerve, & d'actifs & vigilants qu'ils auroient pû être auparavant, ils deviennent mous, lâches & très-fouvent infolents, ce qui engage leurs camarades à en faire autant & à les imiter.

Il eft néceffaire qu'il porte auffi fur le petit carnet, les noms des ouvriers & manœuvres qu'il prendra à la journée, pour pouvoir y régler leur compte dans l'occurence.

Il aura attention que les gens qu'il paiera pour travailler, ne reftent pas dans l'inaction, il ne faut pas qu'il nourriffe trop ou trop peu fes domeftiques, ce font deux contraftes; le premier n'eft pas d'un bon économe & rend les domeftiques lâches & infolents, le deuxieme l'empêcheroit de trouver des ouvriers, fur-tout s'il négligeoit leur paiement comme je l'ai dit plus haut, ou s'il les obligeoit à des travaux exceffifs, la nourriture la plus convenable à leur donner peut varier fuivant les pays, mais voici la plus ufitée & la plus économique : il faut autant qu'il eft poffible faire faire leur pain d'un tiers de froment, un tiers de feigle & un tiers d'orge, en ôter le fon; il eft plus avantageux de le conferver pour le bétail que de le laiffer dans le pain, & cette attention rend le pain des domeftiques plus agréable à la vue & meilleur au goût; il y a bien des provinces où les gens de la campagne font accoutumés à ne manger que du pain de feigle, cet aliment n'eft pas auffi folide ni fi fubftantiel que celui que je propofe, & il s'en faut un tiers qu'il ne foit auffi économique, l'expérience m'en a convaincu, & convaincra de même ceux qui en feront ufage, ce mélange n'eft pas plus difpendieux que le feigle feul.

Le temps des repas doit être réglé, l'hiver ils ne doivent faire que trois repas, & l'été quatre; pendant l'hiver, le premier fera à la pointe du jour, on leur donne un potage aux légumes vert ou fecs, & un plat de ces mêmes légumes avec quelques pommes de terre cuite à l'eau, qu'ils mangent avec du fel, le débris de ces mets fert à la baffe-cour & aux cochons; le deuxieme à deux heures, on l'appelle le gouter, ce repas fe fait ordinairement avec du fromage, des conferves au miel ou au mou, ou bien du lait caillé; mais de toutes ces nourritures je regarde comme plus économique, de leur donner une bouillie de maïs ou de millet cuit à l'eau avec du fel ou au lait. Le troifieme enfin fe fait le foir, on leur donnera comme le matin du potage de légume & des pommes de terre, à la différence que s'ils ont eu des légumes frais le matin on leur en donnera des fecs le foir.

Il ne faut pas croire que la nourriture continuelle de pomme de terre foit défagréable pour eux & peu économique pour le maître, point du tout, j'ai vu des pays où la culture & l'ufage des pommes de terre eft prefque ignorée, les habitans de la campagne s'y font aifément & fe portent très-bien , quoique bien des perfonnes croient fans fondement que cet aliment eft lourd & indigefte ; je puis affurer par l'expérience qu'il eft bon à provoquer la digeftion. Il y a des pays tels que dans les montagnes des Voges , ou les maîtres, les domeftiques ; les enfans n'ont point d'autres aliments ; ils fe portent très-bien , & le fuperflu de l'abondance de leur table fert encore à la volaille & aux cochons , aliment qui n'eft pas peu économique pour le maître , chacun fait que dans les pays où on cultive la pomme de terre elle y eft à vil prix par l'abondance de fa réproduction. On donnera du lard trois fois par femaine aux domeftiques , qui fe cuira avec les légumes , & ce jour-là les pommes de terre feront fupprimées. Ces jours feront le Mardi , le Jeudi & le Dimanche : il eft d'un bon économe de s'approvifionner de cette denrée , dont on connoît l'utilité indifpenfable à la Campagne. Deux onces de lard fuffifent pour chaque ration , & fix onces de légumes fecs, tant pour le potage que fricaffés. L'apprêt de ces légumes fe fera avec du faindoux les jours gras , & de l'huile de faine , ou du beurre les jours maigres , une demie once fuffit par ration. Si je donne un détail fi minutieux de ces objets , c'eft pour qu'un Maître fache à-peu-près les provifions qui lui font néceffaires pour la confommation de fa maifon. Il lui faut donc pour dix domeftiques les provifions fuivantes.

S A V O I R.

7200 livres de grains mêlangés de bled-froment , feigle & orge.

1400 livres d'haricots , pois, lentilles , feves , maïs ou millet.

150 livres de graiffe de fain-doux.

70 livres d'huile ou beurre.

260 à 300 livres de lard , y compris même valeur de viande fraîche.

Les légumes verts ou racines font les pommes de terre , des navets ou groffes raves , des carottes, des citrouilles de toutes efpeces , de la faour-croute ou faourrouber , de haricots falés : voilà à-peu-près l'état fommaire de la nourriture que l'on doit employer pour les domeftiques. Quant à la boiffon , c'eft fuivant l'ufage & la coutume des lieux , il faut ici que le Maître faffe une obfervation qui n'eft point à rejetter : une longue expérience m'a convaincu de fon utilité.

Il faut que le Maître faffe attention lorfque fes domeftiques prendront leurs repas, à ceux qui mangent lentement , nonchalamment , & reftent long-temps à table , ce font toujours des lâches & des pareffeux fur lefquels il faut veiller. Ceux au contraire qui mangent vîte & de bon appétit , ce font fans contredit les plus actifs , les meilleurs & les plus intelligents domeftiques , qu'il doit confidérer. Il doit auffi éloigner de fa maifon tous domeftiques dans l'habitude de s'enivrer ; fans quoi il feroit toujours expofé aux incendies , &c. Qu'il s'en défaffe à la plus légere marque d'infidélité, & au moindre écart ; qu'il veille auffi à ce qu'ils foient toujours occupés , car l'inaction eft fouvent la caufe de leur divifion ; qu'à la moindre querelle il ufe de toute fon autorité contre l'agreffeur.

Il eft encore abfolument effentiel que chaque domeftique ait fon ouvrage fixe & particulier , tant pour éviter la confufion , que pour obvier à ce que fe repofant les uns fur les autres , la plus grande partie de l'ouvrage ne refte à faire.

Peut-être le grand nombre de domeftiques que j'ai détaillé paroîtra exhorbitant. Cependant , fi le Maître a foin de veiller à leur ouvrage , ils feront toujours occupés. S'il vouloit trop entreprendre avec un nombre moindre , la confusion s'en mêleroit , & alors tout iroit mal.

Le *Valet Laboureur*.

Ce domeſtique ſera chargé de labourer , de préſider aux récoltes, de faire fumer & charier à propos les engrais , de veiller ſur l'état de ſes terres , & de les faire fructifier , en leur donnant à propos les amandements, les façons & les engrais convenables. Il doit faire eſſarter , épierrer ſa terre avant chaque façon , & la bien émotter , herſer & y paſſer le rateau.

Il aura ſoin de viſiter ſouvent ſes terres enſemencées , de multiplier ſes labours ; il s'attachera à connoître le fonds & la qualités des terres qui ſeront confiées à ſon adminiſtration ; il aura , ſous les ordres du Maître , quelques petits cantons pour y faire les expériences en différentes natures de production ; il veillera à l'entretien des haies & foſſés , & rapportera au Maître l'état de ſes terres , l'enſemencement dont elles ſeront ſuſceptibles ; il aura à ſa garde le ſoin des outils qui conſiſtent ;

S A V O I R ;

En Charrues de pluſieurs façons.
Cylindre de bois pour émotter & paſſer ſur les avoines.
Herſes de différentes façons.
Brouettes.
Beches.
Pioches.
Houes.
Faulx & Enclumes à les battre , & Pierres à les repaſſer.
Faulx à avoines & ſarraſin.
Faucilles.
Rateaux.
Fléaux & Machines à battre les grains.
Cordeaux.
Vans.
Fourches de fer.
Fourches de bois.
Tire fien.
Pelle de bois de différentes façons.
Marteau.
Serpe.
Haches.
Coignées.
Echardonnoirs.
Beface & panier à ſemence.

Ce domeſtique doit avoir attention de faire auſſi les proviſions de tout ce qui lui ſera néceſſaire pour racommoder leſdits outils & uſtenſiles , dont le Maître fera un état qui lui mettra en main , & lui fera la répétition au commencement de l'hiver pour en ordonner les réparations.

Du Jardinier Potager.

Ce domeſtique paroît plutôt être pour l'agréable que pour l'utile ; mais au contraire ſur-tout s'il eſt à portée d'une ville. Le débit des plantes potageres, des graines, & la conſommation de la maiſon en exigent un. Ce domeſtique ſera chargé de cultiver le jardin potager, de l'entretenir de toutes plantes relatives aux temps & ſaiſons convenables, de l'amander, de veiller à la récolte & conſervation des graines & ſemences ; de vendre, ſous les ordres du Maître, le ſuperflu de la conſommation de la maiſon ; de veiller aux emblavements des racines ou plantes qui ſe font en plein-champ, comme pommes de terre, choux, raves, navets, carottes, de les ſoigner l'hiver, & les conſerver Ce ſera aux ſoins de ce domeſtique que tous les outils du jardinage ſeront confiés : voici la note de ceux qui lui ſont néceſſaires, & aux réparations deſquels il doit veiller.

> Beches.
> Pelles en bois & en fer.
> Rateaux de pluſieurs façons.
> Arroſoirs.
> Battes.
> Cribles à jardin.
> Scies.
> Houlettes de Jardinier.
> Pots de terre.
> Paillaſſons.
> Brouettes.
> Civieres.
> Echenilloir.
> Ciſeaux de Jardinier.
> Echelles de différentes ſortes.
> Pioches.
> Croiſſants.
> Cloches de verre.
> Cloches de paille.
> Fourches de fer.
> Truelles.
> Claies.
> Cordeaux.
> Chaſſis.
> Sacs à racines & ſemence.
> Paniers.
> Hottes.

Le Maître doit choiſir ce domeſtique ni trop jeune, ni trop vieux, fort & robuſte. Trop jeune, il eſt rare qu'il connoiſſe à fond ſon état, & ait de l'expérience ; trop vieux, la foibleſſe de l'âge l'empêche de ſupporter la fatigue.

Du Jardinier fruitier.

Encore un Jardinier, le même ne peut-il pas faire tout ? Non, & ſouvent il
ne

ne le pourroit même avec plufieurs aides. Celui-ci eft aufli utile que le précédent.

Ce domeftique fera donc chargé des pépinieres , des batardieres, des plants & replants , de tous arbres , de leur taille , de leur multiplication dans toute l'étendue de la terre ; les fruits font d'un produit confidérable , commercé en vert & en fec , en huile ; liqueur ou boiffon , ou en bois. Un bon économe ne peut donc trop multiplier les plantations. Ce Jardinier fera en outre chargé de la cueillette des fruits & de leur entretien.

Les outils qui lui feront remis fur un état qu'en gardera le Maître , font.

  Beches.
  Pelles en bois & en fer.
  Rateaux.
  Plantoirs.
  Serpette.
  Arrofoirs.
  Scies.
  Brouettes.
  Civiere.
  Echenilloirs.
  Echelles.
  Pioches.
  Fourches de bois & de fer.
  Cordeaux , paniers.
  Hottes , &c.

Du Palefrenier.

On doit choir ce domeftique fort hardi & difpos. Il fera chargé du foin des écuries & des chevaux , c'eft-à-dire , de tenir les écuries propres, de bien panfer & étriller les chevaux , de régler leur nourriture qui doit être communément pour des chevaux de harnois , vingt livres de foin , d'une botte & demie de paille & de fix picotins d'avoine quand ils travaillent ; les chevaux de felle en ont moins. Ce domeftique fera chargé du foin de faire faillir les juments en temps & faifon convenable , de faire châtrer les poulains , &c. (le tout après en avoir prévenu le Maître ;) prendre garde qu'ils foient toujours bien ferrés ; leur faire le crin quand ils en ont befoin , récolter celui des jeunes poulains ; les bien couvrir de leurs caparaçons ; bien nétoyer les montures des brides , effuyer les mords pour les préferver de la rouille , prendre garde qu'il ne manque rien aux felles & aux harnois , que ni les uns ni les autres ne bleffent les chevaux ; il aura foin des outils d'écuries dont voici le détail.

  Des Etrilles.
  Broffes.
  Peignes.
  Eponges.
  Cifeaux.
  Des morceaux de ferge.
  Ballets.

Licols & Bridons.
Cribles.
Fourches à fourrages.
Pelles d'Ecuries.
Longes.
Un Coffre à avoine.
Hache paille.
Seaux.
Couvertures.
Caparaçons.
Sangles, &c.

Du Charretier.

Ce domestique doit être fort vigoureux ; il aura soin à ce que ses voitures soient en bon état, & que rien ne se dégrade ; il aura une bonne provision de cordes, de chaînes, & de tout ce qui lui sera nécessaire pour le service auquel le Maître le destinera.

Du Bouvier.

Ce domestique sera chargé du soin des bœufs, de leur tenir de la nourriture & bonne litiere, & de les bien frotter avec des bouchons de paille lorsqu'ils arrivent du travail tous en sueur, & tous les matins les brosser ; il fera boire trois fois par jours ses bœufs en été, & deux fois en hiver ; il leur lavera de temps en temps la bouche avec du vin ou vinaigre, dans lequel on mettra un peu de sel pour les rafraîchir, sur-tout s'il leur voit du dégoût ; il leur lavera les pieds pour en ôter les ordures qui s'y attachent ; il leur graissera souvent les cornes & le dessous du paturon avec du vieux-oing, de peur qu'elles ne se gersent & éclattent ; il les tiendra un peu éloignés les uns des autres, de peur qu'ils ne se battent. Il ne doit pas les faire boire lorsqu'ils sont en sueur ; il doit avoir attention de dresser le jeune bétail au joug, de les faire châtrer à propos, toutefois après en avoir prévenu le Maître. Il doit prendre garde de laisser entrer la volaille dans ses étables, la plume étant pernicieuse aux bœufs, & encore moins des cochons, leur fiente leur étant aussi pestilentielle.

Il doit appareiller de bonne heure son jeune bétail, & le tenir dans les étables en rang d'âge.

Ce sera non-seulement aux soins de ce domestique que seront confiés les bœufs de travail, mais encore les taureaux, les bœufs & vaches pour mettre en graisse, pour être vendus ensuite aux bouchers ; enfin, l'éducation entiere du bétail tant mâle que femelle. Les outils & ustensiles nécessaires au domestique sont.

Des liens ou licols pour ses bêtes.
Des fourches en bois.
Des tires fien.
Des courroies pour les jougs.
Des jougs, &c.
Des faulx.
Enclumes.

Marteaux.
Faucilles.
Un Pilon à couteau pour découper les légumes.
Des Cribles pour l'avoine.
Des Cordes.
Des Etrilles.
Des Brosses.
Des Eponges.
Des Charriots de différentes façons.

Des fouets de préférence aux aiguillons, cette méthode étant pernicieuse au bétail, & malheureusement trop usitée dans bien des Provinces; parce que l'aiguillon, sans faire une piquure bien considérable, la fait néanmoins assez violente pour qu'il sorte une eau sanguinolante du cuir de l'animal, à laquelle s'attachent très-violemment les mouches pendant l'été, & tourmentent beaucoup le bétail.

Du Vacher.

Ce domestique est absolument nécessaire à la conduite des vaches; il doit être matinal, robuste & attentif sur ses bestiaux; il doit prendre garde que ses vaches ne se maltraitent les unes & les autres, & qu'elles n'aillent point, lorsqu'il les mene promener, dans les bleds ou autres biens en récolte; leur donner à manger, leur faire bonne litiere, prendre garde à celles qui sont pleines & prêtes à vêler; ne leur point donner de coups qui puissent les blesser; avoir bien soin des veaux, & sur-tout les faire tetter. Il aura soin de tenir les étables propres; il doit les bouchonner souvent avec un bouchon de paille sur le dos, le col & la tête, sur-tout à leur retour de la promenade; il fera attention de ne point laisser croupir leur urine dans l'étable; il aura les mêmes attentions, lorsque les vaches demanderont le taureau, ce qui se reconnoît lorsqu'elles mugissent avec force, sautant tantôt sur d'autres vaches ou bœufs. Quelques temps avant celui où elles devront vêler, il les nourrira plus qu'à l'ordinaire; il leur fera dégourdir de l'eau avec de grosse farine & de son, & leur donnera cette portion avant que de sortir. Il s'abstiendra de les traire au moins un mois ou trois semaines avant qu'elles ne vêlent. Aussi-tôt que le veau sera sorti du ventre de sa mere, il prendra, pour obliger cette derniere à le lécher, une poignée de sel qu'il répandra sur le corps du veau; car plus elle le leche, plus il se fortifie.

Il traira les vaches deux fois par jour en Hiver, & trois fois en Eté, ayant sur-tout bien soin de tenir les ustensiles nécessaires à cet usage bien propres, (que l'on doit prendre de préférence en bois.) Après qu'il aura donné ce qu'il faut à ses vaches, il s'occupera à battre les beurres, faire retourner & saler les fromages. Les outils nécessaires à ce domestique sont.

Des Fourches de bois.
Des Tires fien.
Des Sellettes de bois avec Courroies pour traire les vaches.
Les Vases nécessaires à cet effet en bois.
Des barattes de plusieurs façons.
Des Faulx
Faucilles.

Marteaux , Pierre , Enclumes à l'effet de repasser ses outils.
Des liens.
Des Seaux.
Un Pilon à Couteau.
Des Cordes.

Dans une ferme où on voudra faire une quantité de beurre & de fromage , outre le vacher , il faudra un homme chargé du premier soin de veiller sur le bétail ; & à qui sera confié la laiterie & la fabrication des fromages.

Du Berger.

Ce domestique est nécessaire pour la garde des brebis ; on doit le choisir fidele & vigilant : ces soins doivent être de compter souvent ses moutons , séparer du troupeau ceux qui sont malades , & les brebis qui veulent agneler , tenir leurs appantis en bon état & toujours propres , leur faire bonne litiere le soir , avoir grand soin des brebis lorsqu'elles veulent agneler ; élever autant qu'il lui sera possible , de bons chiens pour la garde du troupeau ; tenir leur ratelier propre ; il traira les brebis dans les pays où il est d'usage ; il aura soin des beliers , il fera châtrer les agneaux , engraisser les brebis & moutons , il aura enfin l'inspection des tontes.

Les ustensiles suivants seront encore confiés au soin de ce domestique.

SAVOIR.

Une Houlette.
Une Faulx.
Une Pierre.
Enclume.
Marteau.
Faucille.
Tire fien.
Fourches de bois.
Balais.
Pelle de bois.
Pilon à Couteau.
Seaux.
Sacs à sel.
Cribles.
Cordes.
Forces , ou Ciseaux à tondre.
Vases à traire.
Sellettes , &c.

Du Chevrier.

Si le Maître veut avoir un troupeau de chevres , il faut aussi qu'il ait un chevrier , dont les occupations sont à-peu-près les mêmes que celui du berger.

Du Porcher.

Il faut choisir , s'il est possible , ce domestique jeune & matinal. Lorsqu'il menera les cochons aux champs , il aura attention qu'ils ne fassent aucuns dégâts à force de fouiller , fur-tout près des haies & des murs ; il veillera fur les truies qui doivent cochonner , tant pour les fecourir que pour empêcher que les verrats ne bleffent la mere & les petits ; il veillera de plus à ce que les meres ne mangent pas leur arriere-faix ; il féparera les truies garnies de leurs petits d'avec les verrats & autres cochons ; il féparera les mâles d'avec les femelles ; il empêchera que les petits n'aillent têter d'autres que leur mere ; il aura attention de marquer les truies pleines , & de veiller au temps de châtrer les cochons.

Les outils confiés à la garde de ce domeftique font.

> Un Fouet.
> Une Chaudiere pour cuire les légumes.
> Seaux.
> Rateau.
> Sacs pour aller chercher leur nourriture.
> Un Tire-fien.
> Balais.
> Pilon à Couteau , &c.

Il feroit bon auffi qu'il pût élever un chien pour la garde de fon troupeau.

Du Dindonnier.

Il faut pour ce fervice un enfant alerte , matinal & vigilant , à qui on confiera la conduite des dindons , dans la crainte qu'ils ne s'égarent. Il les conduira dès le point du jour , tantôt d'un côté , tantôt de l'autre , afin de réveiller leur appétit par la diverfité des pâturages ; il les ramenera au coucher du foleil , leur donnera à manger , & les fera jucher. Ce domeftique n'a befoin d'autres uftenfiles que les fuivants.

> Balais.
> Racles à main.
> Racles à manche.
> Deux Seaux.
> Deux Sacs pour porter la nourriture.

Il aura attention que les juchoirs foient toujours en bon état.

De la Fille de Baffe-cour.

La plus active , la plus intelligente fera chargée du foin de la baffe cour. Elle aura attention d'ouvrir & fermer matin & foir les poulaillers , de changer fouvent le foin des nids , d'en retirer tous les jours les œufs qu'elle y trouvera , foit pour vendre ou pour faire couver. Le poulailler doit être nétoyé tous les jours , comme tout le refte des étables. Elle nétoyera de même les juchoirs & montoirs , & leur donnera à boire de bonne eau , & la changera deux fois par jour au moins ; elle veillera auffi fur les pigeons & colombiers ; elle aura foin auffi des clapiers de la baffe-cour. Ce fera cette domeftique qui aura foin de recueillir toutes les plumes des volailles , de féparer celle des oies & canards d'avec les autres , en un mot , de faire les feparations néceffaires ; elle aura foin des œufs & de tout ce qui concerne le produit de la baffe-cour ; elle aura attention de veiller à la volaille dont il feroit néceffaire de fe défaire , foit par vieilleffe ou par défaut de veiller aux volailles qu'il faut engraiffer. Voici les outils qui lui font neceffaires.

SAVOIR.

Des Epinettes.
Des Balais,
Une Racle à main.
Une couple de Seaux.
Un Sac à porter leur manger.
Des Coffres pour ferrer les œufs & les plumes.
Des Mues d'ozier.

Du Vigneron.

Ce domeſtique préſidera à la culture & à l'amandement des vignes , des van-danges , il aura ſoin de ſe pourvoir d'échalats. Voici les outils dont il doit être muni.

SAVOIR.

Beches.
Pioches.
Houes.
Faucilles.
Serpes.
Cognées.
Hottes.
Brouettes.
Tires-fien , &c.

Du Valet des Fumiers & Engrais.

C'eſt ce domeſtique qui doit avoir ſoin des fumiers , engrais & amandements de toutes eſpeces ; c'eſt à lui à les entaſſer , à les arroſer ſouvent , il ſera obligé de prendre un ou pluſieurs aides , ſuivant la quantité de terre ; c'eſt à lui à les char-rier. (On peut voir ſur cet article mon Traité ſur les engrais , le Nº. 2 de mes ouvrages.) Voici les outils néceſſaires à ce domeſtique.

Des Fourches.
Un Tire-fien.
Pelles en bois.
Pioches.
Brouettes.
Civieres.
Pelles à bateau , &c.

Du Valet de Cour.

C'eſt au ſoin de ce domeſtique qu'eſt confiée la garde des greniers , des caves , des magaſins , & généralement de tous les objets d'approviſionnement , en un mot de toutes eſpeces de grains : on a à craindre pour eux , l'humidité , le mau-vais goût , l'échauffaiſon , les rats , ſouris , les diverſes inſectes , les moineaux , &c. Je n'entrerai point ici ſur la conſervation des grains , je dirai ſeulement qu'un Maître , ſoit propriétaire ou fermier , ne doit jamais garder des bleds plus que pour la conſommation de ſa maiſon pendant deux ans , & pour ſes ſemences ; il doit annuellement ſe défaire du ſurplus. Il n'eſt point de ſon reſſort , ni de ſon état de ſpéculer ſur cette denrée pour en attendre la cherté. Si elle arrivoit , il paſſeroit pour monopoleur , & le peuple s'ameutant contre lui , il ſeroit expoſé à être pillé ; d'ailleurs , la garde de cette denrée demande un ſoin & une main-d'œuvre confidérable : fes occupations font déjà fi multipliées , qu'il ne doit pas y joindre celles du commerce de cette denrée. Il aura donc autant qu'il le pourra fes greniers bien aérés au nord & au couchant ; il y fera mettre fes bleds bien fecs, avoir attention de les remuer fouvent, de les paffer , même fi le temps lui permet , au tarare ; il aura encore attention de n'ouvrir fes greniers que les jours de fortes gelées & de beau fec ; mais lorfque le temps fera humide & pluvieux, il les tiendra bien fermés , il prendra garde que le bled ne s'échauffe point , ce qu'il reconnoît en mettant la main dans les tas. Dans ce cas , il faut le remuer plus fouvent , & réduire les tas à 10 à 12 pouces d'épaiffeur , au lieu de 18 à 20 pouces d'épaiffeur ordinaire.

Il prendra garde que les grilles à jours de fes greniers foient en état de les garantir des moineaux. Et fi fes mefures & autres uftenfiles , tels que les cribles , les facs , les pelles , &c. font en bon état, ils feront à la charge du valet de cour, ainfi que je l'ai déjà dit. Ce domeftique aura un petit calpin ou journal de fes opérations , notamment pour l'entrée & la fortie de toutes fortes de grains dans les greniers & à la fin de chaque mois , il en remettra un double au Maître. Il aura foin de faire racommoder les facs ; il mettra les vannures & criblures de toutes fortes de grains dans un coin des greniers pour les volailles. Le Maître lui donnera un état de ce que contiennent fes caves, dont il aura foin , tant en boiffon qu'en futailles , &c. La trop grande humidité fait moifir les tonneaux en vuidange. Il examinera fi les chantiers font en bon état , fi les tonneaux font fains & ne menacent pas de coulage , &c. fi ceux de réferve font pleins , de peur que la boiffon ne s'évente , ne s'aigriffe & ne fe gâte. Il doit avoir foin de retirer des caves les futailles vuides, de les laver , de les faire défoncer & ranger en place pour s'en fervir au befoin. Il y a de certaines futailles qui ne fortent jamais des caves, que l'on appelle communément foudres , à caufe de leur groffeur volumineufe ; mais comme elles font deftinées à conferver des vins, elles font prefque toujours pleines. Mais dans le cas où elles fe trouveroient vuides , on doit les bien laver , puis les boucher , pour qu'elles ne contractent aucun mauvais goût , tel que le moifi , &c. Ce même domeftique fera auffi chargé de veiller aux approvifionnements du bois ; il tiendra enfin un état du tout , qu'il remettra tous les mois fous les yeux du Maître.

De la Fille de peine.

C'eft celle qui en deux mots fera chargée du foin de l'économie domeftique, c'eft-à-dire, qui doit préparer les aliments , faire le pain, nétoyer , &c. &c. &c.

Du Commiffionnaire.

Si à chaque fois que l'on a befoin d'envoyer un commiffionnaire quelques parts, on venoit à détourner un domeftique de fes occupations journalieres , le fervice iroit très-mal ; c'eft pourquoi il en faut un qui ne foit chargé que de cette partie, & lorfqu'il n'a rien à faire , on trouvera toujours à l'occuper. Ce domeftique n'a befoin d'autres uftenfiles que d'une boëte de fer-blanc pour porter les lettres.   D'une Beface.
Et d'un Havrefac.

Des Gardes.

Le nombre de ces domeftiques dépend du befoin que l'on en a pour la confervation des bois, chaffes, pêches, &c. ; mais, (foit dit en paffant,) le Seigneur ne fauroit trop fcrupuleufement les choifir. Le moins qu'il en aura fera toujours le meilleur : plus il en entretiendra , plus il autorifera la vexation envers les vaf-faux ; c'eft ce qui a fouvent été la fource de plufieurs procès entre différents Seigneurs & leurs vaffaux , procès qui alterent la fortune du Maître & la tranquillité du Cultivateur.

Il faut que ces domeftiques foient reconnus par les habitants du lieu pour bons fujets & à l'abri des moindres reproches de confcience.

On pourroit encore ajoûter à ce nombre de domeftique un valet pour les prés, qui ait foin de veiller à toutes les opérations & améliorations à faire aux prairies.

Voilà enfin comment un Maître doit diftribuer les opérations à fes domeftiques; mais je le répete, s'il donne indifféremment l'ouvrage de l'un à l'autre, la confufion s'en mêle, le défordre fuit, la méfintelligence regne, & tout va mal, delà vient que les terres font abandonnées par les propriétaires & les vaffaux oubliés. Le Seigneur loue fes terres à des fermiers qui les vexent, cultivent mal & payent de même. Tel eft le principe des révolutions les plus terribles & les plus défolantes.

Tout bien confidéré, lorfqu'un Maître envifagera de quelle prudence il a befoin, quels devoirs il a à remplir dans le cours d'une année pour le bien & l'adminiftration d'une terre, pour en tirer le plus grand produit, il reftera interdit & étonné à la vue de tant de travaux & de l'ouvrage qu'il ofe entreprendre, & c'eft alors qu'il aura befoin de rappeler à lui tout fon courage, toute fa prudence pour conduire l'adminiftration de fes terres.

A V I S.

Je donnerai gratuitement, dans le cours de l'année prochaine, à Meffieurs les Soufcripteurs de mes ouvrages, & à ceux qui en prendront, la Collection complette, un Supplément à celui-ci, contenant les articles fuivants:

S A V O I R.

Les moyens de faire différentes boiffons pour les habitants de la Campagne.
Moyens de faire la gennevrette, & la maniere de récolter les bayes de genievre.
Moyens de faire de bonne glu pour la pipée.
Moyens de récolter la gomme de différents arbres, de l'emploi & de l'ufage qu'on en peut faire.
Moyens de conferver les grives, les becaffes & becaffines, & ceux de les exporter au loin, fans qu'ils fe corrompent & fe gâtent.
Maniere d'extraire la couleur du nerprun connu dans le commerce fous le nom de verd de veffie.
Moyens & Méthode de faler les cochons & d'en tirer le parti le plus avantageux pour le commerce, dans fes différents apprêts.
Maniere de faire différentes conferves de fruits & racines au mou & au miel.
Maniere de faire différents ratafiats & liqueurs.
Maniere de faire une efpece d'arack ou eau-de-vie de lait.

J'ai lu par ordre de Monfeigneur le Garde-des-Sceaux, un Recueil, contenant différents procédés d'Economie Rurale, par M. REY DE PLANAZU, & je n'y ai rien trouvé qui puiffe en empêcher l'impreffion. A Paris, le 16 Juin 1786. *Signé,* BRALLE.